小智库系列丛书

扑克牌里的数学世界

主　　编：李军玲
副 主 编：孙丽红　刘淑芳
执行主编：李丽娟

气象出版社
China Meteorological Press

图书在版编目（CIP）数据

扑克牌里的数学世界 / 李军玲主编. -- 北京：气象出版社，2020.9

ISBN 978-7-5029-7107-6

Ⅰ. ①扑… Ⅱ. ①李… Ⅲ. ①小学数学课－教学参考资料 Ⅳ. ①G624.503

中国版本图书馆CIP数据核字（2019）第294722号

扑克牌里的数学世界

PUKE PAI LI DE SHUXUE SHIJIE

李军玲　主编

出版发行：气象出版社

地　　址：北京市海淀区中关村南大街 46 号　　**邮政编码**：100081

电　　话：010−68407112（总编室）　010−68408042（发行部）

网　　址：http://www.qxcbs.com　　**E-mail**：qxcbs@cma.gov.cn

责任编辑：王　聪　　**终　　审**：张　斌

责任校对：张硕杰　　**责任技编**：赵相宁

封面设计：阳光图文工作室

印　　刷：三河市君旺印务有限公司

开　　本：787 mm × 1092 mm　1/16　　**印　　张**：7.25

字　　数：120 千字

版　　次：2020 年 9 月第 1 版　　**印　　次**：2020 年 9 月第 1 次印刷

定　　价：46.00 元

思维，世界上最美的花朵 | 代序

恩格斯把思维比作“世界上最美的花朵”。

思维课程作为教育体系的典型内核，联结着学生主体与知本教育的体系性构成。为了更好地实现思维课程建构，让学生站在课堂与学校的中央，我们一方面探究课堂教学模式，创新变式教学方法；另一方面基于思维课堂，深化课程研发。

无论是公民教育阶段，还是知本教育开启，思维课程一直是我们行走的主线。我们以自主探究—领悟—创新的课堂教学过程，从学生、教师、自主研究三个层面显性呈现了学校发展在本阶段的收获与提升。首先，注重学生的实际获得，真正实现学生的中央位置。培养学生的创新性、探究性思维，促使学生学会发现，真正发挥自我主体作用。其次，在核心素养的时代命题下，教师探索出具有个性变式的教学方法：数学学科的尝试、交流、分享式的教学方法；语文学科的感悟教学法和发现习作法；品德学科的参与体悟法和调查归纳法；音乐学科的形象再现法和艺术创作法；英语学科的归纳总结法和比较发现法；体育学科的联系体悟法……我们在思维的路口，体验着生命成长的美好。在此基础上，形成教育科研的结晶“小智库”系列丛书，助力学校思维课程体系的可持续发展。《扑克牌里的数学世界》作为“小智库”丛书的系列之一，在我校李丽娟老师的潜心钻研中，在主管领导及数学教研组其他老师的支持与配合下，正式呈现在读者面前。

在情境化的思维课堂中，教师们探索出具有个性的变式，形成有效的发现与思维的培养机制，秉承着思维课堂的同一性，即从学生的兴趣出发，呵护天性，让学生想要思考；从知识的本质出发，创设情境，让学生能够思考；从问题的解决模式出发，互动交流，让学生碰撞思考，培养学生的自主思维能力和问题解决能力。在扑克牌的数学世界里，有认识数的美好，有比较数的奥秘，有加减法的途径，有竞争，有合作……总之，在扑克牌的数学世界中引导学生多方面、多角度地发现问题，提出问题，并以讨论的形式自主探究、解决问题，在优化学习过程中培养学生的发散思维与逻辑思维。

面对成长的责任、未来的重托，在知本教育的五色沃土中，我们坚持以学生为主体，演绎着知本教育体系下学校教育的当下与未来。苏联的帕夫雷什中学因苏霍姆林斯基及其全体教职员工实践“相信孩子，尊重孩子，用心灵去塑造孩子”而享誉全球。未来，我们将立足本土，放眼世界，拓宽学生的发现视野和创新能力，提升学生的核心素养与多元智能。让我们共同静待五色沃土上的绿意盎然。

校长 李军玲

前　言

《数学课程标准》明确指出，数学活动必须建立在学生的认知发展水平和已有的知识经验基础之上。教师应激发学生的学习积极性，向学生提供充分的从事数学活动的机会，帮助他们在自主探索和合作交流的过程中真正理解和掌握基本的数学知识与技能、数学思想和方法，获得广泛的数学活动经验。

传统的学习方式过分强调接受和掌握，冷落发现和探究，从而在实践中学生学习成了纯粹被动接受、记忆的过程。在一次数学调查问卷中，对数学感兴趣的学生只占 36.8%，那些不感兴趣的学生都认为数学很难学……这是摆在数学老师面前值得思考的一个问题。

爱玩是孩子的天性，让学生在玩中学，在学中玩，玩得有新收获，是我们每一位教师的职责。学生在游戏中可以顺利地、主动地掌握学习内容，发现新的学习方法。学生创造性的自我表现、独立性和积极的情感体验，正是在游戏的基础上形成和发展起来的。

依据以上基本理念，在数学教学活动中，我们根据儿童的年龄特点以及认知发展水平和已有的知识经验，尝试着让“扑克牌游戏”等活动走进数学课堂，使课堂教学充满了生机和活力，收到了良好的教学效果。

总之，数学游戏能使学生在游戏中学习知识、理解知识，牢固掌握知识内容，让学生主动而愉快地学习。

李丽娟

目录

扑克牌里的数学世界

目录

扑克牌里的数学世界

纸牌课程设计说明

1.课程设计的意义

数学不仅是一种科学，也是一门艺术。为了引领学生入门，奠定学生“想学”的生态基础，创造“爱学”的生态条件，我们以扑克牌为媒介，通过游戏的方式激发学生的好奇心与“爱学”的求知欲，让每一个学生都能“抬起头来走路”，引领初入小学的学生们从“学会”慢慢走向“会学”。

2.课程设计的价值

本课程内容的学习属于学生数学学习起始阶段，因此，通过扑克牌游戏的方式激发学生对数学的兴趣是至关重要的。对数学产生浓厚兴趣的学生，才有可能主动发现问题、提出问题、分析问题、解决问题，才有可能具备良好的数学素养。

3.课程设计的说明

扑克牌是学生比较熟悉的游戏道具，将其作为数学课的基本工具，能够引起学生的关注。学习活动的设计基于学生的童心与童趣，使学生能够在游戏中学习。在组织实施的过程中，可使不同水平的学生都有事可做，都有成功的体验。

4.课程设计的目的

通过游戏学习认识数学世界，对学生良好数感的形成过程有着重要的作用。

第一单元 数的认识及5以内数的加减法

第一节 数的大小比较

教学目标

通过扑克牌游戏，认识数的作用，进一步熟悉数的大小比较的练习，为今后比较数的大小做好准备。

教学难点和重点

理解数的意义，在游戏中正确比较出数的大小。

教学建议

把握教学要求，关注学生对所涉及情景的了解，关注学生的学习兴趣。

教学用具

自制数字为1～5的扑克牌两副，每副牌12张，其中1、5各3张，2～4各2张。

教学内容

扑克牌游戏规则：

1. 洗牌时将1张牌的正面朝上，每人抓6张牌，谁抓到正面朝上的那张牌谁先出。
2. 每人每次出1张牌，大数管小数，无人管时，大者继续出。
3. 先出完牌者胜利。

每玩一盘，都要记录玩牌结果，排出名次。

扑克牌比赛记录单（我是冠军）

成员	第一次排名	第二次排名	第三次排名	第四次排名
组长	第（ ）名			
组员	第（ ）名			
组员	第（ ）名			
组员	第（ ）名			

说明：玩牌人数最少2人，最多4人。

经典例题

例1：小敏、小军两个人玩扑克牌游戏，每人手上6张自制扑克牌，小敏手上的扑克牌分别是数字1、2、3、5各1张，两张数字4。小军手上的扑克牌分别是数字2、3各两张，数字4、5各1张。根据扑克牌游戏规则出牌。

例2：小明、小军、小丽、小天4个人玩扑克牌游戏，每人手上6张自制扑克牌。每人每次出1张牌，大数管小数，无人管时，大者继续出，谁先出完谁胜利。

随堂练习

A. 两个人为一组，利用扑克牌练习数的大小比较。

B. 4个人为一组，利用扑克牌练习比较数的大小。

课堂小结

通过扑克牌游戏，让学生在快乐中学会比较数的大小，激发学生学习数学的乐趣，并在游戏中学到数学知识。

备注：

适用的课程范围：

1. 5 以内的数比较大小（适用于一年级上册）。

2. 10 以内的数比较大小（适用于一年级上册）。

3. 20 以内的数比较大小（适用于一年级上册）。

4. 100 以内的数比较大小（适用于一年级下册）。

知识点延展：

1. 三位数大小比较（1 ~ 9）。3 张牌拼在一起，比较大小。

2. 四位数大小比较（1 ~ 9）。4 张牌拼在一起，比较大小。

第二节　数的分与合

教学目标

通过扑克牌游戏，使学生在认识数字的基础上，掌握数的分与合的方法。

经历从具体到抽象的认知过程，让学生体会数学的简洁。

教学难点和重点

在研究数的组成中，通过扑克牌游戏，理解分是合的逆向关系。利用数形结合的方式，帮助学生理解符号表示的意义，学会用数学符号表达思维过程。

教学建议

通过发现练习，寻找规律，唤起学生对数学学习的兴趣。

教学用具

自制数字为 1 ～ 5 的扑克牌两副，每副牌 12 张，其中 1、5 各 3 张，2 ～ 4 各 2 张。

教学内容

扑克牌游戏规则：

1. 洗牌时将 1 张牌的正面朝上，每人抓 6 张牌，谁抓到正面朝上的那张牌谁先出。
2. 每人每次出 1 张牌，边出边说。例如，4 可以分成 3 和 1。
3. 大数管小数，无人管时，大者继续出。
4. 先出完牌者胜利。

每玩一盘，都要记录玩牌结果，排出名次。

扑克牌比赛记录单（我是冠军）

成员	第一次排名	第二次排名	第三次排名	第四次排名
组长	第（　）名			
组员	第（　）名			
组员	第（　）名			
组员	第（　）名			

说明：玩牌人数最少2人，最多4人。

经典例题

例：两个人玩游戏，根据扑克牌游戏规则出牌。每人每次出 1 张牌，边出边说。例如，5 可以分成 4 和 1；3 可以分成 2 和 1……大数管小数，无人管时，大者继续出。谁的牌先出完谁胜利。

随堂练习

A. 两个人为一组，利用扑克牌练习数的分与合。

B. 4个人为一组，利用扑克牌练习数的分与合。

课堂小结

通过扑克牌游戏，促进学生之间的合作，让学生在游戏中学习数的分与合，一边巩固学习认识的数字，一边练习数字的分与合。

第三节　5以内数的加法

教学目标

通过扑克牌游戏，引导学生初步理解加法的含义，正确计算 5 以内数的加法，自主探究 5 以内数的加法的计算方法。

教学难点和重点

加法的初步认识；掌握 5 以内数的加法的计算方法，通过游戏可以正确地口算出 5 以内数的加法。

教学建议

在观察、操作、交流等活动中，培养学生独立思考问题、清楚地表达自己想法的能力。通过扑克牌让学生在游戏中进一步理解加法的意义。

教学用具

自制数字为 1 ～ 5 的扑克牌两副，每副牌 12 张，其中 1、5 各 3 张，2 ～ 4 各 2 张。

教学内容

扑克牌游戏规则：

1.洗牌时将1张牌的正面朝上，每人抓6张牌，谁抓到正面朝上的那张牌谁先出。

2. 每人每次出两张牌，边出边说这两个数的和是多少。

例如，2加3等于5，1加2等于3。

3. 大和管小和，无人管时，大者继续出。

4. 出牌时互相监督，出现错误，对方纠正。

5. 先出完牌者胜利。

每玩一盘，都要记录玩牌结果，排出名次。

扑克牌比赛记录单（我是冠军）

成员	第一次排名	第二次排名	第三次排名	第四次排名
组长	第（　）名			
组员	第（　）名			
组员	第（　）名			
组员	第（　）名			

说明：玩牌人数最少2人，最多4人。

经典例题

例：小玉、小丽两个人玩扑克牌游戏，根据扑克牌游戏规则出牌。每人每次出两张牌，边出边说这两个数的和是多少。例如，1加3等于4，2加4等于6。大和管小和，无人管时，大者继续出。谁的牌先出完谁就胜利。

随堂练习

A. 两个人为一组，利用扑克牌练习 5 以内数的加法。

B. 3 个人为一组，利用扑克牌练习 5 以内数的加法。

课堂小结

在扑克牌游戏中让学生体验加法的意义，探究 5 以内数的加法的多种方法，借助学生的生活经验，为学生提供不同的生活原型，从不同角度理解加法的含义。

知识延展：猜丁壳加法游戏

游戏规则：

1. 两个人一组猜丁壳，原地不动。如果练习加法，每人每次出一个数（用手指表示数，可分别出 1、2、3），把二人所出的数相加说出得数。

例如，甲出 3，乙出 1，抢答“3+1=4”。

2. 每次先说对答案者获胜。

3. 玩一局的时间和次数可由二人自己定，可算 10 次为一局，三局两胜，也可五局三胜。

说明：猜丁壳游戏也可与迈大步游戏相结合，先选定一段距离，谁赢一次谁就向前迈一步，如果二人同时答出，可同时向前迈一步，谁先到终点谁是胜利者。

第四节 5以内数的减法

教学目标

通过扑克牌游戏，让学生结合具体情境，在玩乐的同时巩固掌握5以内数的减法，并熟练地口算。

教学难点和重点

掌握5以内数的减法的计算方法，并正确地口算。

教学建议

在观察、操作、交流等活动中，培养学生独立思考问题、清楚地表达自己想法的能力。通过扑克牌游戏让学生在操作中进一步理解减法的意义。

教学用具

自制数字为1～5的扑克牌两副，每副牌12张，其中1、5各3张，2～4各2张。

教学内容

扑克牌游戏规则：

1. 洗牌时将1张牌的正面朝上，每人抓6张牌，谁抓到正面朝上的那张牌谁先出。
2. 每人每次出两张牌，边出边说这两个数的差是多少，大数减小数。

例如，5减3等于2，4减1等于3。

3. 差值大的管差值小的，无人管时，大者继续出。
4. 出牌时互相监督，出现错误，对方纠正。
5. 先出完牌者胜利。

每玩一盘，都要记录玩牌结果，排出名次。

扑克牌比赛记录单（我是冠军）

成员	第一次排名	第二次排名	第三次排名	第四次排名
组长	第（　　）名			
组员	第（　　）名			
组员	第（　　）名			
组员	第（　　）名			

说明：玩牌人数最少2人，最多4人。

经典例题

例：米米、丽丽两个人玩扑克牌游戏，根据扑克牌游戏规则出牌。每人每次出两张牌，边出边说这两个数的差是多少。例如，5减4等于1，4减3等于1。差值大的管差值小的，两人差值相等时，继续下一轮。谁的牌先出完谁就胜利。

随堂练习

A. 两个人为一组，利用扑克牌练习5以内数的减法。

B. 3 个人为一组，利用扑克牌练习 5 以内数的减法。

课堂小结

通过扑克牌游戏，让学生在玩乐的同时，练习 5 以内数的减法。借助学生的生活经验，为学生提供不同的生活原型，从不同角度理解减法的含义。

知识延展：猜丁壳减法游戏

游戏规则：

1. 两个人一组猜丁壳，原地不动。如果练习减法，每人每次出一个数，用手指表示数，可分别出 1 ~ 5，把两个人所出的数相减（大数减小数）说出得数。例如，甲出 4，乙出 5，抢答“5-4=1”。

2. 每次先说出答案者获胜，如果两人同时答出，可进入下一轮。

3. 玩一局的时间和次数可由两个人自己定，可算 10 次为一局，三局两胜，也可五局三胜。

说明：猜丁壳游戏也可与迈大步游戏相结合，先选定一段距离，谁赢一次谁就向前迈一步，如果两人同时答出，可同时向前迈一步，谁先到终点谁是胜利者。

第五节　数的组成

教学目标

通过扑克牌游戏，认识计数单位 1 和 10，能够熟练地一个一个地或一十一十地数出数量在 100 以内的物体个数。

教学难点和重点

熟练地掌握 100 以内数的组成。

教学建议

在观察、操作、交流等活动中，培养学生独立思考问题、清楚地表达自己想法的能力。

教学用具

自制扑克牌两副，每副牌 12 张，为 10 ～ 100 的任意数字。

教学内容

扑克牌游戏规则：

1. 洗牌时将 1 张牌的正面朝上，每人抓 6 张牌，谁抓到正面朝上的那张牌谁先出。

2. 每人每次出 1 张牌，边出边说。例如，17 里面有 1 个 10 和 7 个 1；1 个 10 和 7 个 1，合起来是 17。

3. 大数管小数，无人管时，大者继续出。

4. 先出完牌者胜利。

每玩一盘，都要记录玩牌结果，排出名次。

扑克牌比赛记录单（我是冠军）

成员	第一次排名	第二次排名	第三次排名	第四次排名
组长	第（　　）名			
组员	第（　　）名			
组员	第（　　）名			
组员	第（　　）名			

说明：玩牌人数最少2人，最多4人。

经典例题

例：根据扑克牌游戏规则出牌。每人每次出 1 张牌，边出边说。例如，15 里面有 1 个 10 和 5 个 1；1 个 10 和 5 个 1，合起来是 15。大数管小数，无人管时，大者继续出，先出完牌者胜利。

随堂练习

A. 两个人为一组，利用扑克牌练习数的组成。

B. 4 个人为一组，利用扑克牌练习数的组成。

课堂小结

通过扑克牌游戏，让学生在游戏之中完成学习，练习数的组成，激发学生学习数学的乐趣，并不断获得自信心，主动参与数学活动。

第二单元　10以内数的加减法

本单元的教学目标

1. 在具体的情境中，通过观察、操作活动，初步了解加减法的含义。

2. 比较熟练地口算 10 以内的加减法，能正确地进行 10 以内的加减法。

3. 经过与他人交流各自算法的过程，培养学生独立思考、学会倾听、条理表达的习惯。

4. 在解决问题的具体情境中，感受数学与生活的联系，培养学生学习和应用数学的兴趣。

教学重点和难点

利用扑克牌游戏，加深对 10 以内数的加减法的理解，掌握 10 以内数的加减法口算。

主要内容及地位作用

本单元是在学习认识 10 以内数字的基础上来学习的，它是学习 20 以内数的加减法的最直接的基础，也是今后学习更复杂的计算的重要基础，本单元内容是重点内容之一。教师要尊重学生的认知基础，结合扑克牌游戏，促使学生在主动探索、合作交流的过程中，学会知识，提高能力，这在整个小学数学教学中占有非常重要的地位。由于学生是初次学习加减法，因此，初步理解加减法的意义、体会它们之间的内在联系、正确地进行口算是本单元教学的重点。

第六节 6和7的加法

教学目标

通过扑克牌游戏，引导学生初步体会生活中有很多的加、减计算问题，在解决问题的具体情境中，感受数学和生活的联系，培养学生学习和应用数学的兴趣。

教学难点和重点

掌握 6 和 7 加法的计算方法，熟练地口算出 6 和 7 的加法。

教学建议

在观察、操作、交流等活动中，培养学生独立思考问题、清楚地表达自己想法的能力。

教学用具

自制扑克牌两副，每副牌 12 张，为 1 ~ 10 的任意数字。

教学内容

扑克牌游戏规则：

1. 洗牌时将 1 张牌的正面朝上，每人抓 6 张牌，谁抓到正面朝上的那张牌谁先出。
2. 每人每次出 1 张牌，边出边说这个数分别与 6、7 的和是多少。

例如，2 加 6 等于 8，2 加 7 等于 9；5 加 6 等于 11，5 加 7 等于 12。

3. 大和管小和，无人管时，大者继续出。
4. 出牌时互相监督，出现错误，对方纠正。
5. 先出完牌者胜利。

每玩一盘，都要记录玩牌结果，排出名次。

扑克牌比赛记录单（我是冠军）

成员	第一次排名	第二次排名	第三次排名	第四次排名
组长	第（　）名			
组员	第（　）名			
组员	第（　）名			
组员	第（　）名			

说明：玩牌人数最少2人，最多4人。

经典例题

例：两个人玩扑克牌游戏，扑克牌上是 1 ～ 10 的任意数字，根据扑克牌游戏规则出牌。每人每次出 1 张牌，边出边说这个数分别与 6、7 的和是多少。例如，1 加 6 等于 7，1 加 7 等于 8；3 加 6 等于 9，3 加 7 等于 10。大和管小和，无人管时，大者继续出。谁的 6 张牌先出完谁胜利。

随堂练习

A. 两个人为一组，利用扑克牌练习 6 和 7 的加法。

B. 4 个人为一组，利用扑克牌练习 6 和 7 的加法。

课堂小结

通过扑克牌游戏，让学生在玩乐的同时，练习 6 和 7 的加法，激发学生学习数学的乐趣，爱上数学。

第七节　6和7的减法

教学目标

通过扑克牌游戏，让学生能用自己的方法，比较熟练地口算出 6 和 7 的减法，进一步了解加减法的含义。

教学难点和重点

练习 6 和 7 的减法，并熟练口算。

教学建议

在观察、操作、交流等活动中，培养学生独立思考问题、清楚地表达自己想法的能力。把数学问题和实际生活联系到一起，培养学生应用数学的能力。

教学用具

自制扑克牌两副，每副牌 12 张，为 1 ～ 10 的任意数字。

教学内容

扑克牌游戏规则：

1. 洗牌时将 1 张牌的正面朝上，每人抓 6 张牌，谁抓到正面朝上的那张牌谁先出。
2. 每人每次出 1 张牌，边出边说这个数分别与 6、7 的差是多少，大数减小数。例如，6 减 3 等于 3，7 减 3 等于 4；8 减 6 等于 2，8 减 7 等于 1。
3. 大差管小差，无人管时，大者继续出。
4. 出牌时互相监督，出现错误，对方纠正。
5. 先出完牌者胜利。

每玩一盘，都要记录玩牌结果，排出名次。

扑克牌比赛记录单（我是冠军）

成员	第一次排名	第二次排名	第三次排名	第四次排名
组长	第（　）名			
组员	第（　）名			
组员	第（　）名			
组员	第（　）名			

说明：玩牌人数最少2人，最多4人。

经典例题

例：两个人玩扑克牌游戏，扑克牌上是 1 ~ 10 的任意数字，根据扑克牌游戏规则出牌。每人每次出 1 张牌，边出边说这个数分别与 6、7 的差是多少，大数减小数。例如，6 减 2 等于 4，7 减 2 等于 5；6 减 4 等于 2，7 减 4 等于 3。大差管小差，无人管时，大者继续出，谁的 6 张牌先出完谁胜利。

随堂练习

A. 两个人为一组，利用扑克牌练习 6 和 7 的减法。

B. 3 个人为一组，利用扑克牌练习 6 和 7 的减法。

课堂小结

利用扑克牌让学生在玩的过程中体味学习的乐趣。

第八节　8和9的加法

教学目标

通过扑克牌游戏，让学生真正理解加减法的意义，并熟练口算。

教学难点和重点

熟练地口算出 8 和 9 的加法。

教学建议

在观察、操作、交流等活动中，培养学生独立思考问题、清楚地表达自己想法的能力。把数学问题和实际生活联系到一起，培养学生应用数学的能力。

教学用具

自制扑克牌两副，每副牌 12 张，为 1 ～ 10 的任意数字。

教学内容

扑克牌游戏规则：

1. 洗牌时将 1 张牌的正面朝上，每人抓 6 张牌，谁抓到正面朝上的那张牌谁先出。

2. 每人每次出 1 张牌，边出边说这个数分别与 8、9 的和是多少。

例如，5 加 8 等于 13，5 加 9 等于 14；2 加 8 等于 10，2 加 9 等于 11。

3. 大和管小和，无人管时，大者继续出。

4. 出牌时互相监督，出现错误，对方纠正。

5. 先出完牌者胜利。

每玩一盘，都要记录玩牌结果，排出名次。

扑克牌比赛记录单（我是冠军）

成员	第一次排名	第二次排名	第三次排名	第四次排名
组长	第（　）名			
组员	第（　）名			
组员	第（　）名			
组员	第（　）名			

说明：玩牌人数最少2人，最多4人。

经典例题

例：两个人玩扑克牌游戏，扑克牌上是1～10的任意数字，根据扑克牌游戏规则出牌。每人每次出1张牌，边出边说这个数分别与8、9的和是多少。例如，4加8等于12，4加9等于13；6加8等于14，6加9等于15。大和管小和，无人管时，大者继续出。谁的6张牌先出完谁胜利。

随堂练习

A. 两个人为一组，分别从对方手中的牌中抽取两张并且迅速说出两张相加的结果，对方监督并记录比赛结果。

B. 4 个人为一组，1 个人说出一个数字（比如 8 或 9），另 3 个人要迅速从自己的数字牌中拿出相加为 8 或 9 的两张牌，第一个准确拿出并且回答对者记 1 分，最后排名。

课堂小结

通过游戏的方式，让学生熟练掌握 8 和 9 的加法，在游戏中体味学习的乐趣。

第九节　8和9的减法

教学目标

通过扑克牌游戏，让学生练习 8 和 9 的减法，为以后深入学习减法打好基础，把数学和生活联系到一起，培养学生的数学应用意识。

教学难点和重点

理解 8 和 9 减法的含义，并熟练口算。

教学建议

在观察、操作、交流等活动中，培养学生独立思考问题、清楚地表达自己想法的能力。

教学用具

自制扑克牌两副，每副牌 12 张，为 1 ~ 10 的任意数字。

教学内容

扑克牌游戏规则：

1. 洗牌时将1张牌的正面朝上，每人抓6张牌，谁抓到正面朝上的那张牌谁先出。

2. 每人每次出1张牌，边出边说这个数分别与8、9的差是多少，大数减小数。例如，9减3等于6，8减3等于5；10减8等于2，10减9等于1。

3. 大差管小差，无人管时，大者继续出。

4. 出牌时互相监督，出现错误，对方纠正。

5. 先出完牌者胜利。

每玩一盘，都要记录玩牌结果，排出名次。

扑克牌比赛记录单（我是冠军）

成员	第一次排名	第二次排名	第三次排名	第四次排名
组长	第（　）名			
组员	第（　）名			
组员	第（　）名			
组员	第（　）名			

说明：玩牌人数最少2人，最多4人。

经典例题

例：两个人玩扑克牌游戏，扑克牌上是1～10的任意数字，根据扑克牌游戏规则出牌。每人每次出1张牌，边出边说这个数分别与8、9的差是多少，大数减小数。例如，9减2等于7，8减2等于6；9减1等于8，8减1等于7。大差管小差，无人管时，大者继续出。

随堂练习

A. 两个人为一组，分别从对方手中的牌中抽取1张并且迅速说出8或9与这个数的差是多少，大数减小数。大差管小差，无人管时，大者继续出。对方监督并记录比赛结果。

B. 3个人为一组玩游戏，1个人说出数字9，另两个人要迅速从自己的牌中拿出1张，并说出9减这个数字的差是多少。第一个准确回答对者记1分，最后排名。

课堂小结

理解加、减的含义非常重要，因为它是口算、解决实际问题的基础，这是为了帮助学生更全面、更深入地理解加减法的含义。

第十节　10的加法

教学目标

通过扑克牌游戏，引导学生初步体会生活中很多加、减计算问题，在解决问题的具体情境中，感受数学与生活的联系，培养学生学习和应用数学的兴趣。

教学难点和重点

熟练地口算出 10 的加法。

教学建议

在观察、操作、交流等活动中，培养学生独立思考问题、清楚地表达自己想法的能力。

教学用具

自制扑克牌两副，每副牌 12 张，其中有 6 张数字 10 的牌，6 张 1 ～ 10 的任意数字的牌。

教学内容

扑克牌游戏规则：

1. 每人手上有 3 张写有数字 10 的牌，然后每人再抓 3 张 1 ～ 10 的任意数字的牌，选牌时将 1 张牌的正面朝上，谁抓到正面朝上的那张牌谁先出。

2. 每次出两张牌，1 张是数字 10，1 张是 1 ～ 10 的任意数字，边出边说这两个数的和是多少。例如，10 加 2 等于 12，10 加 4 等于 14。

3. 大和管小和，无人管时，大者继续出。

4. 出牌时互相监督，出现错误，对方纠正。

5. 先出完牌者胜利。

每玩一盘，都要记录玩牌结果，排出名次。

扑克牌比赛记录单（我是冠军）

成员	第一次排名	第二次排名	第三次排名	第四次排名
组长	第（　）名			
组员	第（　）名			
组员	第（　）名			
组员	第（　）名			

说明：玩牌人数最少2人，最多4人。

经典例题

例：两个人为一组，利用扑克牌练习 10 的加法，每人 10 张牌，1 个人先说一个数字，另 1 个人拿出相应的牌，两张数字的和是 10，玩完一局两个人交换角色继续玩。

随堂练习

4 个人为一组，利用扑克牌练习 10 的加法。

课堂小结

通过扑克牌游戏，让学生在玩乐的同时，巩固练习 10 的加法。

第十一节　10的减法

教学目标

通过扑克牌游戏，让学生在玩乐的同时掌握 10 的减法。培养学生善于动脑的习惯，把实际的生活和数学联系到一起。

教学难点和重点

熟练地口算 10 的减法。

教学建议

在观察、操作、交流等活动中，培养学生独立思考问题、清楚地表达自己想法的能力。

教学用具

自制扑克牌两副，每副牌 12 张，其中有 6 张数字 10 的牌，6 张 1 ～ 10 的任意数字的牌。

教学内容

扑克牌游戏规则：

1. 每人手上有 3 张写有数字 10 的牌，然后每人再抓 3 张 1 ～ 10 的任意数字的牌，洗牌时将 1 张牌的正面朝上，谁抓到正面朝上的那张牌谁先出。

2. 每次出两张牌，1 张是数字 10，1 张是 1 ～ 10 的任意数字，边出边说这两个数的差是多少。

例如，10 减 3 等于 7，10 减 5 等于 5。

3. 大差管小差，无人管时，大者继续出。

4. 出牌时互相监督，出现错误，对方纠正。

5. 先出完牌者胜利。

每玩一盘，都要记录玩牌结果，排出名次。

扑克牌比赛记录单（我是冠军）

成员	第一次排名	第二次排名	第三次排名	第四次排名
组长	第（　）名			
组员	第（　）名			
组员	第（　）名			
组员	第（　）名			

说明：玩牌人数最少2人，最多4人。

经典例题

例：两个人玩扑克牌游戏，一共 12 张扑克牌，有 6 张写有数字 10 的牌，其余 6 张数字小于 10，每人先分 3 张写有数字 10 的牌，然后每人再抓 3 张数字小于 10 的牌。根据扑克牌游戏规则出牌。每次出两张牌，1 张是数字 10，1 张是数字小于 10，边出边说这两个数的差是多少。例如，10 减 8 等于 2；10 减 6 等于 4，大差管小差，无人管时，大者继续出。

随堂练习

A. 两个人为一组，利用扑克牌练习 10 的减法。

B. 4 个人为一组，利用扑克牌练习 10 的减法。

课堂小结

通过扑克牌游戏，让学生在玩乐的同时，巩固练习 10 的减法，激发学生学习数学的乐趣，在学习中不断获得自信心，能主动参与数学活动。

第三单元　20以内数的加减法

本单元的教学目标

通过扑克牌游戏，引导学生掌握20以内数字的进位加法和退位减法，使学生能够正确计算，培养学生把数学和生活联系在一起的意识。

教学重点和难点

利用扑克牌游戏，锻炼学生加减法的口算方法，主要是进位加法和退位减法。

主要内容及其地位作用

20以内的进位加法是20以内退位减法和多位数计算的基础，这一部分学习的好坏，将对今后计算的正确和迅速程度产生直接的影响。如果有的学生对这一部分没有学好，计算时既慢又容易出错，以后继续学习口算和多位数笔算时就会遇到很大困难，与其他同学的差距会越来越大。因此，20以内的进位加法也是进一步学习数学必须练好的基本功之一。用加法和减法解决简单的问题，既有利于学生在学习数学中领会加减法的含义，又可以为以后发现和解决稍复杂的问题打下基础。

教学建议

通过扑克牌游戏，为学生练习20以内数字的进位加法和退位减法做好准备。让学生根据自己的兴趣，利用扑克牌游戏的方式，练习20以内数字的进位加法和退位减法。

第十二节 9加几

教学目标

通过扑克牌游戏，能正确口算9加几。经过与他人研究算法的过程，体会算法多样化。在学习中不断获得自信心，能主动参与数学活动。

教学难点和重点

掌握9加几的计算方法，正确计算9加几。

教学建议

在观察、操作、交流等活动中，培养学生独立思考问题、清楚地表达自己想法的能力。

教学用具

自制扑克牌，每组两副牌，每副有3张数字9的牌，3张1～10的任意数字的牌。

教学内容

扑克牌游戏规则：

1. 每人手上有3张数字9的牌，再抓3张1～10的任意数字的牌。洗牌时将1张牌的正面朝上，谁抓到正面朝上的那张牌谁先出。

2. 每人每次出两张牌，其中1张牌是9，1张牌是1～10的任意数字，边出边说这两个数的和是多少。

3. 大和管小和，例如，9加3等于12，9加6等于15，15大于12，那么出等于15的人管出等于12的人。无人管时，大者继续出。

4. 出牌时互相监督，出现错误，对方纠正。

5. 先出完牌者胜利。

每玩一盘，都要记录玩牌结果，排出名次。

扑克牌比赛记录单（我是冠军）

成员	第一次排名	第二次排名	第三次排名	第四次排名
组长	第（　）名			
组员	第（　）名			
组员	第（　）名			
组员	第（　）名			

说明：玩牌人数最少2人，最多4人。

经典例题

例1：小乐、小丽两个人玩扑克牌游戏，每人手上6张自制扑克牌，小丽手上的牌分别是3张数字9，数字3、7、8各1张。小乐手上的牌分别是3张数字9，数字2、6、1各1张。

根据扑克牌游戏规则出牌，例如，小丽先出9加7等于16，小乐出9加6等于15；小丽出9加8等于17，小乐不出；小丽继续出9加3等于12，小丽牌出完，小丽胜出！

例2：小明、小军、小丽、小天4个人玩扑克牌游戏，每人手上6张自制扑克牌，其中有3张数字9的牌，3张1～10的任意数字的牌。每人每次出两张牌，大和管小和。无人管时，大者继续出，谁先出完谁胜利。

随堂练习

A. 两个人为一组，利用扑克牌练习 9 加几。

B. 4 个人为一组，利用扑克牌练习 9 加几。

课堂小结

通过扑克牌游戏，让学生在玩乐的同时，巩固练习 9 加几的方法。

第十三节　8加几

教学目标

通过扑克牌游戏，让学生能够掌握、练习 8 加几的方法，并能正确口算 8 加几。让学生在学习中不断地获得自信心，获得学习上的乐趣。

教学难点和重点

掌握 8 加几的计算方法，正确计算 8 加几。

教学建议

在观察、操作、交流等活动中，培养学生独立思考问题、清楚地表达自己想法的能力。

教学用具

自制扑克牌，每组两副牌，每副有 3 张数字 8 的牌，3 张 1 ~ 10 的任意数字的牌。

教学内容

扑克牌游戏规则：

1. 每人手上有 3 张数字 8 的牌，再抓 3 张 1 ~ 10 的任意数字的牌。洗牌时将 1 张牌的正面朝上，谁抓到正面朝上的那张牌谁先出。

2. 每人每次出两张牌，其中 1 张牌是 8，1 张牌是 1 ～ 10 的任意数字，边出边说这两个数的和是多少。

3. 大和管小和，例如，8 加 4 等于 12，8 加 7 等于 15，15 大于 12，那么出等于 15 的人管出等于 12 的人。无人管时，大者继续出。

4. 出牌时互相监督，出现错误，对方纠正。

5. 先出完牌者胜利。

每玩一盘，都要记录玩牌结果，排出名次。

扑克牌比赛记录单（我是冠军）

成员	第一次排名	第二次排名	第三次排名	第四次排名
组长	第（　）名			
组员	第（　）名			
组员	第（　）名			
组员	第（　）名			

说明：玩牌人数最少2人，最多4人。

经典例题

例 1. 小 A、小 B 两个人玩扑克牌游戏，每人手上 6 张自制扑克牌。小 A 手上的牌分别是 3 张数字 8，数字 1、4、5 各 1 张。小 B 手上的牌分别是 3 张数字 8，数字 2、6、7 各 1 张。

根据扑克牌游戏规则出牌，例如，小A先出8加1等于9，小B出8加2等于10；小B出8加6等于14，小A不出；小B继续出8加7等于15，小B牌出完，小B胜出！

例2：兰兰、丽丽、琳琳、天天4个人玩扑克牌游戏，每人手上6张自制扑克牌，其中有3张数字8的牌，3张1～10的任意数字的牌。每人每次出两张牌，大和管小和。无人管时，大者继续出，谁先出完谁胜利。

随堂练习

A. 3个人为一组，1个人出题，另两个人参赛抢答，出题者随机抽取两张牌，并规定让答题者回答其和，出题者负责记录比赛结果。

B. 4个人为一组，利用扑克牌练习8加几。

课堂小结

通过扑克牌游戏，让学生在玩乐的同时，巩固练习8加几的方法，激发学生学习数学的乐趣，在学习中不断获得自信心，能主动参与数学活动。

第十四节　7加几

教学目标

通过扑克牌游戏，让学生能够练习掌握7加几的方法，并能正确口算7加几，以游戏的形式激发学生的学习兴趣。

教学难点和重点

掌握7加几的计算方法，正确口算出7加几。

教学建议

在观察、操作、交流等活动中，培养学生独立思考问题、清楚地表达自己想法的能力，同时注意培养学生的逻辑思维能力。

教学用具

自制扑克牌，每组两副牌，其中有 6 张数字 7 的牌，6 张 1 ～ 10 的任意数字的牌。

教学内容

扑克牌游戏规则：

1. 每人手上有 3 张数字 7 的牌，再抓 3 张 1 ～ 10 的任意数字的牌，洗牌时将 1 张牌的正面朝上，谁抓到正面朝上的那张牌谁先出。

2. 每人每次出两张牌，其中 1 张牌是 7，1 张牌是 1 ～ 10 的任意数字，边出边说这两个数的和是多少。

3. 大和管小和，例如，7 加 3 等于 10，7 加 6 等于 13，13 大于 10，那么出等于 13 的人管出等于 10 的人。无人管时，大者继续出。

4. 出牌时互相监督，出现错误，对方纠正。

5. 先出完牌者胜利。

每玩一盘，都要记录玩牌结果，排出名次。

扑克牌比赛记录单（我是冠军）

成员	第一次排名	第二次排名	第三次排名	第四次排名
组长	第（　）名			
组员	第（　）名			
组员	第（　）名			
组员	第（　）名			

说明：玩牌人数最少2人，最多4人。

经典例题

例 1：小文、小君两个人玩扑克牌游戏，每人手上 6 张自制扑克牌，小文手上的牌分别是 3 张数字 7，数字 2、3、4 各 1 张；小君手上的牌分别是 3 张数字 7，数字 4、5、6 各 1 张。

根据扑克牌游戏规则出牌，例如，小文先出 7 加 3 等于 10，小君出 7 加 5 等于 12；小君出 7 加 6 等于 13，小文不出；小君继续出 7 加 4 等于 11，小君牌出完，小君胜出。

例 2：小 A、小 B、小 C、小 D4 个人玩扑克牌游戏，每人手上 6 张自制扑克牌，其中有 3 张数字 7 的牌，3 张 1 ~ 10 任意数字的牌。每人每次出两张牌，大和管小和。无人管时，大者继续出，谁先出完谁胜利。

随堂练习

A. 两个人为一组，每人手上 6 张牌，其中 1 张数字 7，从自己手中随机抽取 1 张牌，再拿 1 张数字 7，让对方说出这两个数字的和是多少，双方监督并记录比赛结果。

B. 4 个人为一组，利用扑克牌练习 7 加几。

课堂小结

通过扑克牌游戏，让学生在玩乐的同时，巩固练习 7 加几的方法，激发学生学习数学的乐趣，在学习中不断获得自信心，能主动参与数学活动。

第十五节 6加儿

教学目标

通过扑克牌游戏，让学生掌握计算 6 加几的题目，理解 6 加几的计算过程并会口述，培养学生的语言表达能力、抽象概括能力和迁移能力。

教学难点和重点

利用扑克牌掌握 6 加几的计算方法，正确口算出 6 加几。

教学建议

经过与他人研究算法的过程，体会算法的多样化，在学习中不断获得自信心，能主动参与数学活动。

教学用具

自制扑克牌，每组两副牌，其中有 6 张数字 6 的牌，6 张 1 ~ 10 任意数字的牌。

教学内容

扑克牌游戏规则：

1. 每人手上有 3 张数字 6 的牌，再抓 3 张 1 ~ 10 的任意数字的牌，洗牌时将 1 张牌的正面朝上，谁抓到正面朝上的那张牌谁先出。

2. 每人每次出两张牌，其中 1 张牌是数字 6，边出边说这两个数的和是多少。

3. 大和管小和，例如，6 加 4 等于 10，6 加 5 等于 11，11 大于 10，那么出等于 11 的人管出等于 10 的人。无人管时，大者继续出。

4. 出牌时互相监督，出现错误，对方纠正。

5. 先出完牌者胜利。

每玩一盘，都要记录玩牌结果，排出名次。

扑克牌比赛记录单（我是冠军）

成员	第一次排名	第二次排名	第三次排名	第四次排名
组长	第（ ）名			
组员	第（ ）名			
组员	第（ ）名			
组员	第（ ）名			

说明：玩牌人数最少2人，最多4人。

经典例题

例1：小文、小君两个人玩扑克牌游戏，每人手上6张自制扑克牌，小文手上的牌分别是3张数字6，数字2、3、5各1张；小君手上的牌分别是3张数字6，数字4、7、8各1张。

根据扑克牌游戏规则出牌，例如，小君先出6加7等于13，小文出6加5等于11；小君出6加4等于10，小文不出；小君继续出6加8等于14，小君牌出完，小君胜出。第一轮结束，开始第二轮游戏，可以让学生多玩几次。

例2：辉辉、欢欢、丽丽、明明4个人玩扑克牌游戏，每人手上6张自制扑克牌，其中有3张数字6的牌，3张1～10的任意数字的牌。每人每次出两张牌，大和管小和。无人管时，大者继续出，谁先出完谁胜利。

随堂练习

A. 两个人为一组，利用扑克牌练习6加几。

B. 4个人为一组，利用扑克牌练习6加几。

课堂小结

通过扑克牌游戏，让学生在玩乐的同时，巩固练习6加几的计算方法，同时培养学生学习的迁移能力、想象力和概括能力。

第十六节　20以内的退位减法

教学目标

通过扑克牌游戏，培养学生的口算能力，提高口算速度和正确率，为中、高年级的计算打下良好的基础。渗透函数思想，培养学生积极探索的精神和良好的计算习惯。

教学难点和重点

掌握 20 以内减法的计算方法，通过游戏可以正确地口算出 20 以内的减法。

教学建议

在观察、操作、交流等活动中，培养学生独立思考问题、清楚地表达自己想法的能力。通过扑克牌游戏的方式，让学生在操作中进一步理解减法的意义。

教学用具

自制扑克牌，每组两副牌，每副牌 12 张，为 1 ~ 20 的任意数字。

教学内容

扑克牌游戏规则：

1. 每人抓 6 张牌，洗牌时将 1 张牌的正面朝上，谁抓到正面朝上的那张牌谁先出。
2. 每人每次出两张牌，边出边说这两个数的差是多少，大数减小数。
例如，12 减 3 等于 9，15 减 8 等于 7。
3. 大差管小差，无人管时，大者继续出。
4. 出牌时互相监督，出现错误，对方纠正。
5. 先出完牌者胜利。

每玩一盘，都要记录玩牌结果，排出名次。

扑克牌比赛记录单（我是冠军）

成员	第一次排名	第二次排名	第三次排名	第四次排名
组长	第（　）名			
组员	第（　）名			
组员	第（　）名			
组员	第（　）名			

说明：玩牌人数最少2人，最多4人。

经典例题

例：准备两组牌，其中两张数字 6，两张数字 7，数字 8、9、18、14、12、15、13、17 各 1 张。两个人玩扑克牌游戏，每人各抓 6 张牌。根据扑克牌游戏规则出牌。每人每次出两张牌，边出边说这两个数的差是多少，大数减小数。例如，18 减 9 等于 9，14 减 8 等于 6。大差管小差，无人管时，大者继续出。先出完牌者胜利！

随堂练习

A. 两个人为一组，分别从自己手中随机抽取两张牌，并让对方说出这两个数字的差是多少，大数减小数。双方监督并记录比赛结果。

B. 3 个人为一组，其中两个人分别从第三个人手里随机抽取两张牌，并说出这两个数字的差是多少，三者互换角色再继续比赛。谁回答正确次数多谁获胜。

课堂小结

通过扑克牌游戏，让学生在玩乐的同时，巩固练习 20 以内的退位减法。借助学生的生活经验，为学生提供不同的生活原型，从不同角度理解减法的含义。

第四单元　两位数的加减法

本单元的教学目标

1. 通过扑克牌游戏，使学生进一步理解加法和减法的含义，体会加、减运算与实际生活的联系。

2. 借助扑克牌游戏，在探索与交流中，使学生掌握两位数的加减法，并能比较熟练地进行口算。

3. 能运用所学的加减法知识，解决生活中的简单问题，培养学生分析问题和解决问题的能力。

4. 渗透函数思想，培养学生积极探索的精神和良好的计算习惯。

教学重点和难点

利用扑克牌游戏，掌握两位数加、减整十数及两位数加、减一位数的口算方法，能比较熟练地计算。

主要内容及其地位作用

本单元内容是在学生掌握了整十数加、减整十数和整十数加一位数及相应减法的基础上进行扑克牌游戏。

突出数学与生活的联系，使学生体会计算在现实中的作用，培养学生学习数学的兴趣，加强学生之间的交流。在交流中帮助学生积累与同伴共同学习、合作解决问题的经验。

教学建议

使学生在游戏中感受数学学习的意义，培养学生学习数学的兴趣和用数学解决问题的意识。

第十七节　100以内整十加法

教学目标

通过扑克牌游戏，运用直观手段，帮助学生理解和掌握整十数加法的计算方法。创设情境，给学生自主探索、合作交流的学习空间。

教学难点和重点

掌握 100 以内整十加法的计算方法。

教学建议

在观察、操作、交流等活动中，培养学生独立思考问题、清楚地表达自己想法的能力。

教学用具

每组两副自制扑克牌，每副牌 12 张，为 100 以内整十的数字。

教学内容

扑克牌游戏规则：

1. 每人抓 6 张牌，洗牌时将 1 张牌的正面朝上，谁抓到正面朝上的那张牌谁先出。

2. 每人每次出两张牌，边出边说这两个数的和是多少。

例如，20 加 40 等于 60，40 加 30 等于 70。

3. 大和管小和，无人管时，大者继续出。

4. 出牌时互相监督，出现错误，对方纠正。

5. 先出完牌者胜利。

每玩一盘，都要记录玩牌结果，排出名次。

扑克牌比赛记录单（我是冠军）

成员	第一次排名	第二次排名	第三次排名	第四次排名
组长	第（　）名			
组员	第（　）名			
组员	第（　）名			
组员	第（　）名			

说明：玩牌人数最少2人，最多4人。

经典例题

例：两个人玩游戏，每人抓6张牌，一共12张牌，为100以内整十的数字，根据扑克牌游戏规则出牌。每人每次出两张牌，边出边说这两个数的和是多少。例如，10加20等于30，40加50等于90。大和管小和，无人管时，大者继续出，先出完牌者胜利。

随堂练习

A. 两个人为一组，利用扑克牌练习100以内整十加法。

B. 4个人为一组，利用扑克牌练习100以内整十加法。

课堂小结

通过扑克牌游戏，让学生在玩乐的同时，巩固练习100以内整十加法，激发学生学习数学的乐趣，在学习中不断获得自信心，主动参与数学活动。

第十八节　100以内整十减法

教学目标

通过扑克牌游戏，锻炼学生100以内整十减法的口算能力，让学生可以熟练地口算。

教学难点和重点

掌握100以内整十减法的计算方法，正确快速口算。

教学建议

在观察、操作、交流等活动中，培养学生独立思考问题、清楚地表达自己想法的能力。

教学用具

每组两副自制扑克牌，每副牌12张，为100以内整十的数字。

教学内容

扑克牌游戏规则：

1. 每人抓6张牌，洗牌时将1张牌的正面朝上，谁抓到正面朝上的那张牌谁先出。
2. 每人每次出两张牌，边出边说这两个数的差是多少，大数减小数。

例如，80减40等于40，90减30等于60。

3. 大差管小差，无人管时，大者继续出。
4. 出牌时互相监督，出现错误，对方纠正。
5. 先出完牌者胜利。

每玩一盘，都要记录玩牌结果，排出名次。

扑克牌比赛记录单（我是冠军）

成员	第一次排名	第二次排名	第三次排名	第四次排名
组长	第（　）名			
组员	第（　）名			
组员	第（　）名			
组员	第（　）名			

说明：玩牌人数最少2人，最多4人。

经典例题

例：每组两副扑克牌，每副牌12张，为100以内整十的数字，根据扑克牌游戏规则出牌。每人每次出两张牌，边出边说这两个数的差是多少，大数减小数。例如，90减20等于70，70减40等于30。大差管小差，无人管时，大者继续出，先出完牌者胜利。

随堂练习

A. 两个人为一组，分别从自己手中随机抽取两张牌，并让对方说出这两个数字的差是多少，双方监督并记录比赛结果。

B. 4个人为一组，根据扑克牌的规则玩游戏。

课堂小结

通过扑克牌游戏让学生在玩乐的同时，巩固练习 100 以内整十减法的计算方法。让学生在学习的同时，学会与他人进行合作交流。

第十九节　两位数加整十数

♣教学目标

通过扑克牌游戏，让学生经历探索两位数加整十数算法的过程，从而掌握口算两位数加整十数的方法。

♣教学难点和重点

熟练口算两位数加整十数。

♣教学建议

使学生通过实践探索、合作交流掌握两位数加整十数的口算方法。

♣教学用具

自制扑克牌，每组两副牌，其中一副牌是 6 张整十数，另一副牌是 6 张其他两位数。

♣教学内容

扑克牌游戏规则：

1. 每人从两副牌中各抓 3 张牌，其中 3 张整十数，3 张其他两位数。洗牌时将 1 张牌的正面朝上，谁抓到正面朝上的那张牌谁先出。

2. 每人每次出两张牌，1 张是整十数，另 1 张是其他两位数，边出边说这两个数的和是多少。

例如，11 加 20 等于 31，23 加 40 等于 63。

3. 大和管小和，无人管时，大者继续出。

4. 出牌时互相监督，出现错误，对方纠正。

5. 先出完牌者胜利。

每玩一盘，都要记录玩牌结果，排出名次。

扑克牌比赛记录单（我是冠军）

成员	第一次排名	第二次排名	第三次排名	第四次排名
组长	第（　）名			
组员	第（　）名			
组员	第（　）名			
组员	第（　）名			

说明：玩牌人数最少2人，最多4人。

经典例题

例：自制两副扑克牌，一共24张，一副牌是12张整十数，另一副牌是12张其他两位数。每人从两副牌中各抓3张牌，其中3张整十数，3张其他两位数。根据扑克牌游戏规则出牌。每人每次出两张牌，1张是整十数，另1张是其他两位数，边出边说这两个数的和是多少。例如，12加30等于42，35加40等于75。大和管小和，无人管时，大者继续出，先出完牌者胜利。

随堂练习

A. 两个人为一组，利用扑克牌练习两位数加整十数。

B. 3个人为一组，两个人分别从第三个人两只手里随机抽取两张牌，其中从左手抽取1张整十数，从右手抽取1张其他两位数，并说出这两个数字的和是多少。三人互换角色再继续比赛。谁回答正确次数多谁获胜。

课堂小结

通过扑克牌游戏，让学生在玩乐的同时，巩固练习两位数加整十数的方法。提高学生解决简单实际问题的能力和合作交往的能力，激发学生学习数学的乐趣，在学习中不断获得自信心，能主动地参与数学活动。

第二十节　两位数减整十数

教学目标

1. 通过扑克牌游戏，使学生在理解算理的基础上掌握两位数减整十数的口算方法。

2. 通过学生参与口算方法的指导过程，培养学生的观察能力、口头表达能力以及推理归纳能力，培养学生的发散思维能力。

3. 通过分组学习，培养学生的合作精神及主动探索知识的精神。

教学难点和重点

熟练口算两位数减整十数。

教学建议

在观察、操作、交流等活动中，培养学生独立思考问题、清楚地表达自己想法的能力。

教学用具

自制两副扑克牌（10 ~ 100 的任意数字），其中一副牌是 12 张两位数（50 以上，51 ~ 99 的任意数字），另一副牌是 12 张整十数（10 ~ 50 的任意整十数）。

教学内容

扑克牌游戏规则：

1. 每人从两副牌中各抓 3 张牌，其中 3 张整十数，3 张其他两位数。洗牌时将 1 张牌的正面朝上，谁抓到正面朝上的那张牌谁先出。

2. 每人每次出两张牌，1 张是整十数，另 1 张是其他两位数，边出边说其他两位数与整十数的差是多少。

例如，56 减 30 等于 26，93 减 20 等于 73。

3. 大差管小差，无人管时，大者继续出。

4. 出牌时互相监督，出现错误，对方纠正。

5. 先出完牌者胜利。

每玩一盘，都要记录玩牌结果，排出名次。

扑克牌比赛记录单（我是冠军）

成员	第一次排名	第二次排名	第三次排名	第四次排名
组长	第（　）名			
组员	第（　）名			
组员	第（　）名			
组员	第（　）名			

说明：玩牌人数最少2人，最多4人。

经典例题

例：每人从两副牌中各抓 3 张牌，其中 3 张整十数（10 ~ 50 的任意整十数），3 张其他两位数（51 ~ 99 的任意数字）。根据扑克牌游戏规则出牌。每人每次出两张牌，1 张是整十数，另 1 张是其他两位数，边出边说其他两位数减整十数的差是多少。

例如，62 减 30 等于 32，85 减 40 等于 45。大差管小差，无人管时，大者继续出，先出完牌者胜利。

随堂练习

A. 两个人为一组，利用扑克牌练习两位数减整十数。

B. 4 个人为一组，利用扑克牌练习两位数减整十数。

课堂小结

通过扑克牌游戏，让学生在玩乐的同时，巩固练习两位数减整十数的方法，激发学生学习数学的乐趣，在学习中不断获得自信心，能主动地参与数学活动。

第二十一节　两位数加一位数

教学目标

通过扑克牌游戏，让学生经过探索两位数加一位数算法的过程，理解几个十和几个一相加，从而掌握口算两位数加一位数的方法。

教学难点和重点

熟练口算两位数加一位数。

教学建议

在观察、操作、交流等活动中，培养学生独立思考问题、清楚地表达自己想法的能力，培养学生相互合作的能力。

教学用具

自制扑克牌，每组两副牌，每副牌 12 张，其中一副牌都是一位数，另一副牌都是两位数。

教学内容

扑克牌游戏规则：

1. 每人从两副牌中各抓 3 张牌，其中 3 张是一位数，3 张是两位数。洗牌时将 1 张牌的正面朝上，谁抓到正面朝上的那张牌谁先出。

2. 每人每次出两张牌，其中 1 张是一位数，另 1 张是两位数，边出边说这两个数的和是多少。

例如，23 加 6 等于 29，75 加 8 等于 83。

3. 大和管小和，无人管时，大者继续出。

4. 出牌时互相监督，出现错误，对方纠正。

5. 先出完牌者胜利。

每玩一盘，都要记录玩牌结果，排出名次。

扑克牌比赛记录单（我是冠军）

成员	第一次排名	第二次排名	第三次排名	第四次排名
组长	第（　　）名			
组员	第（　　）名			
组员	第（　　）名			
组员	第（　　）名			

说明：玩牌人数最少2人，最多4人。

经典例题

例：两副自制扑克牌，其中一副12张一位数的牌，另一副12张两位数的牌。每人先抓3张两位数的牌，再抓3张一位数的牌。根据扑克牌游戏规则出牌。每人每次出1张两位数的牌，再出1张一位数的牌，并说出这两张牌的和是多少。例如，34加7等于41，25加3等于28。大和管小和，无人管时，大者继续出，先出完牌者胜利。

随堂练习

A. 两个人为一组，利用扑克牌规则玩牌，并记录谁是冠军。

B. 4个人为一组，利用扑克牌规则玩牌，练习两位数加一位数。

课堂小结

通过扑克牌游戏，让学生在玩乐的同时，巩固练习两位数加一位数的方法，激发学生学习数学的乐趣。

第五单元　乘法和除法口算练习

第二十二节　二年级乘法口算练习

教学目标

通过扑克牌游戏，培养学生10以内乘法口算能力，提高口算速度，提高运算试题的正确率。

教学难点和重点

掌握10以内乘法的口算。

教学建议

调动学生学习的积极性，融入游戏教学。

教学用具

自制扑克牌，每组两副牌，每副牌12张，为1 ~ 9的任意数字。

教学内容

扑克牌游戏规则：

1. 每人抓6张牌，洗牌时将1张牌的正面朝上，谁抓到正面朝上的那张牌谁先出。

2. 每人每次出两张牌，边出边说这两个数的积是多少。

3. 游戏规定比较积的大小，大数管小数，无人管时，大者继续出。

4. 出牌时互相监督，如出现错误，请把牌拿回，下次再出。

5. 先出完牌者胜利。

每玩一盘，都要记录玩牌结果，排出名次。

扑克牌比赛记录单（我是冠军）

成员	第一次排名	第二次排名	第三次排名	第四次排名
组长	第（　　）名			
组员	第（　　）名			
组员	第（　　）名			
组员	第（　　）名			

说明：玩牌人数最少2人，最多4人。

经典例题

例：小明、小军、小丽、小天4个人玩扑克牌游戏，每人手上6张自制扑克牌，数字为1～9。每人每次只出两张牌，边出边说这两个数的积是多少。

随堂练习

A. 两个人为一组，分别从自己手中随机抽取两张牌并让对方说出这两个数字的积是多少，双方监督并记录比赛结果。

B. 3个人为一组，一人出题，另两人参赛抢答，出题者随机抽取两张牌，并规定让答题者回答其乘积，出题者负责记录比赛结果。

课堂小结

通过扑克牌游戏，让学生在玩乐的同时，学会10以内数字的乘法口算计算，培养学生的专注力和瞬时记忆能力，激发学生学习数学的乐趣，在快乐中学到数学知识。

第二十三节　二年级除法口算练习

教学目标

通过扑克牌游戏，巩固乘法口诀，更好地掌握除法计算方法，为学习整数、小数除法打基础。

教学难点和重点

掌握除法计算方法，提高口算正确率和速度。

教学建议

关注学生对所涉及情景的了解。

教学用具

自制扑克牌，每组两副牌，每副牌 12 张，为 1 ~ 20 的任意数字。

教学内容

扑克牌游戏规则：

1. 每人抓6张牌，洗牌时将1张牌的正面朝上，谁抓到正面朝上的那张牌谁先出。

2. 每人每次出两张牌，边出边说这两个数的商是多少，大数除以小数，有余数要说出商和余数。

例如，12 除以 4 等于 3，9 除以 5 商 1 余 4。

3. 大商管小商，无人管时，大者继续出，商相同时比较余数大小。

4. 出牌时互相监督，如出现错误，请把牌拿回，下次再出。

5. 先出完牌者胜利。

每玩一盘，都要记录玩牌结果，排出名次。

扑克牌比赛记录单（我是冠军）

成员	第一次排名	第二次排名	第三次排名	第四次排名
组长	第（　）名			
组员	第（　）名			
组员	第（　）名			
组员	第（　）名			

说明：玩牌人数最少2人，最多4人。

经典例题

例 1：小敏、小军两个人玩扑克牌游戏，每副牌 12 张，每人手上 6 张自制扑克牌，为 1 ~ 20 的任意数字。小敏手上的扑克牌分别是两张数字 18，数字 9、20、2、15 各 1 张；小军手上的扑克牌分别是两张数字 12，两张数字 6，数字 18、20 各 1 张。根据扑克牌游戏规则出牌。两个数相除，大数除以小数，结果谁大谁赢。

例 2：小明、小军、小丽、小天 4 个人玩扑克牌游戏，每人手上 6 张自制扑克牌。每人每次只出两张牌，边出边说这两个数的商是多少，大数除以小数。

随堂练习

A. 两个人为一组，分别从自己手中随机抽取两张牌并让对方说出商是多少，大数除以小数。双方监督并记录比赛结果。

B. 将学生分为 A、B 两组进行比赛，老师从自己手中随机抽取两张牌，让学生说出这两个数的商是多少，大数除以小数。两组学生进行抢答，答对得 1 分，并由老师在黑板上记录比赛结果。

课堂小结

通过扑克牌游戏，让学生在玩乐的同时，学会除法口算并且对乘法口诀进一步熟识，培养学生的专注力和瞬时记忆能力，激发学生学习数学的乐趣，在快乐中学到数学知识。

第六单元 乘法口诀练习

本单元的教学目标

1. 通过扑克牌游戏，使学生熟记 2 ～ 5 的乘法口诀，能比较熟练地运用 2 ～ 5 的乘法口诀求积，并在游戏中体会编制口诀的重要性。

2. 学生能将所学的乘法知识运用到扑克牌游戏中，培养学生分析、解决问题的能力。

3. 使学生在认识乘法和探索运用口诀求积的过程中，体验生活中处处有数学，培养学生积极动脑思考与主动探索的精神，使学生获得乐于与同伴合作、交流的积极情感体验。

教学重点和难点

教学重点：熟记 2 ～ 5 的乘法口诀。

教学难点：理解乘法的含义。

主要内容及其地位作用

通过扑克牌游戏，一方面可以进一步完善学生对乘法的认识，为后继学习奠定基础；另一方面可以帮助学生进一步积累对数量关系的认识，培养学生用数学眼光观察现实生活的意识，提高学生应用所学知识解决问题的能力。乘法的计算在生活中有广泛的应用，表内乘法口算是学习多位数乘法的基础，它同 20 以内加法和减法口算一样，不管是从继续学习的角度，还是从应用的角度，都应该是学生必须练好的基本功之一，非常重要。

教学建议

通过扑克牌游戏，让学生熟练地掌握 2 ～ 5 的乘法口诀。培养学生之间合作、交流、探究的能力。培养学生思维的灵活性，与他人合作的态度以及学习数学的兴趣和解决问题的能力。

第二十四节　2的乘法口诀

教学目标

通过扑克牌游戏，理解 2 的乘法口诀来源，能说出相邻两句口诀之间的关系，熟记 2 的乘法口诀。

教学难点和重点

记口诀、用口诀。

教学建议

教学时要关注学生的学习兴趣，帮助和培养学生熟练地说出 2 的乘法口诀，初步培养学生的推理能力和概括能力。

教学用具

自制扑克牌，每组两副牌，每副牌 12 张，一副牌有 12 张数字 2，另一副牌有 12 张 1 ~ 9 的任意数字。

教学内容

扑克牌游戏规则：

1. 洗牌时将 1 张牌的正面朝上，谁抓到正面朝上的那张牌谁先出。

2. 每人抓 6 张牌，先从一副牌中抓 3 张数字 2，再从另一副牌中抓 3 张 1 ~ 9 的任意数字。

3. 每人每次出两张牌，1 张是数字 2，另 1 张是 1 ~ 9 的任意数字，边出边说这两个数的积是多少，说口诀。

例如，出 2 和 6 时要说“二六一十二”。

4. 大积管小积，无人管时，大者继续出。

5. 先出完牌者胜利。

每玩一盘，都要记录玩牌结果，排出名次。

说明：出牌时互相监督，出现口诀错误，请把牌拿回，下次再出。

扑克牌比赛记录单（我是冠军）

成员	第一次排名	第二次排名	第三次排名	第四次排名
组长	第（　）名			
组员	第（　）名			
组员	第（　）名			
组员	第（　）名			

说明：玩牌人数最少2人，最多4人。

经典例题

例：自制扑克牌 24 张，分为两副，一副有 12 张数字 2，另一副有 12 张 1 ～ 9 的任意数字。根据扑克牌游戏规则出牌。每人每次出两张牌，1 张数字 2，1 张 1 ～ 9 的任意数字。边出边说这两个数的积是多少，说口诀。例如，1 张是数字 2，另 1 张是数字 3，要说“二三得六”。较大积管较小积，无人管时，大者继续出牌。

随堂练习

3 个人玩扑克牌游戏，其中 1 个人出数字 2，其他两个人分别出 1 张 1 ～ 9 的任意数字，边出边说 2 和这个数字相乘的结果，谁的积大谁胜利！

课堂小结

通过扑克牌游戏，让学生在玩乐的同时，帮助和培养学生口算的能力，激发学生学习数学的乐趣，把数学知识和实际生活联系到一起，在学习中不断获得自信心，能主动地参与数学活动。

第二十五节　3的乘法口诀

教学目标

通过扑克牌游戏,让学生在教师帮助下,经过3和1、2的乘法口诀的编写过程,理解这些口诀的意义和结构,初步掌握乘法口诀的编写方法,记忆这些乘法口诀并会用它们来计算有关的乘法题。

教学难点和重点

熟练说出3的乘法口诀。

教学建议

教学时要关注学生的学习兴趣,帮助和培养学生熟练地说出3的乘法口诀,初步培养学生的推理能力和概括能力。

教学用具

自制扑克牌,每组两副牌,每副牌12张,一副牌有12张数字3,另一副牌有12张1～9的任意数字。

教学内容

扑克牌游戏规则:

1. 洗牌时将1张牌的正面朝上,谁抓到正面朝上的那张牌谁先出。

2. 每人抓6张牌,先从一副牌中抓3张数字3,再从另一副牌中抓3张1～9的任意数字。

3. 每人每次出两张牌,1张是数字3,另1张是1～9的任意数字,边出边说这两个数的积是多少,说口诀。

例如,出3和8时要说“三八二十四”。

4. 大积管小积,无人管时,大者继续出。

5. 先出完牌者胜利。

每玩一盘,都要记录玩牌结果,排出名次。

说明:出牌时互相监督,出现口诀错误,请把牌拿回,下次再出。

扑克牌比赛记录单（我是冠军）

成员	第一次排名	第二次排名	第三次排名	第四次排名
组长	第（　）名			
组员	第（　）名			
组员	第（　）名			
组员	第（　）名			

说明：玩牌人数最少2人，最多4人。

经典例题

例：自制扑克牌24张，分为两副，一副有12张数字3，另一副有12张1～9的任意数字。根据扑克牌游戏规则出牌。每人每次出两张牌，1张是数字3，另1张是1～9的任意数字，边出边说这两个数的积是多少，说口诀。大积管小积，无人管时，大者继续出。

随堂练习

A. 两个人为一组，利用扑克牌练习3的乘法口诀。

B. 3个人为一组，利用扑克牌练习3的乘法口诀。

课堂小结

通过扑克牌游戏，让学生在玩乐的同时，帮助和培养学生的口算能力，激发学生学习数学的乐趣，把数学知识和实际生活联系到一起，在学习中不断获得自信心，能主动地参与数学活动。

第二十六节　4的乘法口诀

教学目标

通过扑克牌游戏，结合具体情境，经过编写4的乘法口诀的过程，初步体会4以内的乘法口诀，培养学生有条理地思考问题的习惯。

教学难点和重点

熟练说出4的乘法口诀。

教学建议

教学时要关注学生的学习兴趣，帮助和培养学生熟练地说出4的乘法口诀，培养学生主动探索、合作交流的能力。

教学用具

自制扑克牌，每组两副牌，每副牌12张，一副牌有12张数字4，另一副牌有12张1～9的任意数字。

教学内容

扑克牌游戏规则：

1. 洗牌时将1张牌的正面朝上，谁抓到正面朝上的那张牌谁先出。

2. 每人抓6张牌，先从一副牌中抓3张数字4，再从另一副牌中抓3张1～9的任意数字。

3. 每人每次出两张牌，1张是数字4，另1张是1～9的任意数字，边出边说这两个数的积是多少，说口诀。

例如，出4和6时要说“四六二十四”。

4. 大积管小积，无人管时，大者继续出。

5. 先出完牌者胜利。

每玩一盘，都要记录玩牌结果，排出名次。

说明：出牌时互相监督，出现口诀错误，请把牌拿回，下次再出。

扑克牌比赛记录单（我是冠军）

成员	第一次排名	第二次排名	第三次排名	第四次排名
组长	第（　　）名			
组员	第（　　）名			
组员	第（　　）名			
组员	第（　　）名			

说明：玩牌人数最少2人，最多4人。

经典例题

例：自制扑克牌 24 张，分为两副，一副有 12 张数字 4，另一副有 12 张 1 ~ 9 的任意数字。根据扑克牌游戏规则出牌。每人每次出两张牌，1 张是数字 4，另 1 张是 1 ~ 9 的任意数字，边出边说这两个数的积是多少，说口诀。大积管小积，无人管时，大者继续出。

随堂练习

两个人为一组，利用扑克牌练习 4 的乘法口诀。

课堂小结

通过扑克牌游戏，让学生在玩乐的同时，培养学生的口算能力，激发学生学习数学的乐趣，把数学知识和实际生活联系到一起，在学习中不断获得自信心，能主动地参与数学活动。

第二十七节　5的乘法口诀

教学目标

通过扑克牌游戏，使学生熟练掌握 5 的乘法口诀，并能运用口诀熟练地进行计算，经过归纳 5 的乘法口诀过程，知道 5 的乘法口诀来历，并能理解每句口诀的含义。

教学难点和重点

熟练说出 5 的乘法口诀。

教学建议

教学时要关注学生的学习兴趣，学生可以熟练地说出 5 的乘法口诀。

教学用具

自制扑克牌，每组两副牌，每副牌 12 张，一副牌有 12 张数字 5，另一副牌有 12 张 1 ~ 9 的任意数字。

教学内容

扑克牌游戏规则：

1. 洗牌时将 1 张牌的正面朝上，谁抓到正面朝上的那张牌谁先出。

2. 每人抓 6 张牌，先从一副牌中抓 3 张数字 5，再从另一副牌中抓 3 张 1 ~ 9 的任意数字。

3. 每人每次出两张牌，1 张是数字 5，另 1 张是 1 ~ 9 的任意数字，边出边说这两个数的积是多少，说口诀。

例如，出 5 和 7 时要说“五七三十五”。

4. 大积管小积，无人管时，大者继续出。

5. 先出完牌者胜利。

每玩一盘，都要记录玩牌结果，排出名次。

说明：出牌时互相监督，出现口诀错误，请把牌拿回，下次再出。

扑克牌比赛记录单（我是冠军）

成员	第一次排名	第二次排名	第三次排名	第四次排名
组长	第（　　）名			
组员	第（　　）名			
组员	第（　　）名			
组员	第（　　）名			

说明：玩牌人数最少2人，最多4人。

经典例题

例：自制扑克牌 24 张，分为两副，一副有 12 张数字 5，另一副有 12 张 1 ～ 9 的任意数字。根据扑克牌游戏规则出牌。每人每次出两张牌，1 张是数字 5，另 1 张是 1 ～ 9 的任意数字。边出边说这两个数的积是多少，说口诀。大积管小积，无人管时，大者继续出。

$5 \times 2 = ?$

随堂练习

A. 两个人为一组，利用扑克牌练习 5 的乘法口诀。

B. 3 个人为一组，利用扑克牌练习 5 的乘法口诀。

课堂小结

通过扑克牌游戏，让学生在玩乐的同时，培养学生的口算能力，激发学生学习数学的乐趣，把数学知识和实际生活联系到一起，在学习中不断获得自信心，能主动地参与数学活动。

第二十八节　6的乘法口诀

教学目标

通过扑克牌游戏，学生通过自己的探索，归纳出 6 的乘法口诀并能运用。同时熟练掌握 6 的乘法口诀，为整数、小数的乘法和除法计算做好充分准备。

教学难点和重点

熟练说出 6 的乘法口诀。

教学建议

教学时要关注学生的学习兴趣，帮助和培养学生熟练地说出 6 的乘法口诀。

教学用具

自制扑克牌，每组两副牌，每副牌 12 张，一副牌有 12 张数字 6，另一副牌有 12 张 1 ~ 9 的任意数字。

教学内容

扑克牌游戏规则：

1. 洗牌时将 1 张牌的正面朝上，谁抓到正面朝上的那张牌谁先出。

2. 每人抓 6 张牌，先从一副牌中抓 3 张数字 6，再从另一副牌中抓 3 张 1 ~ 9 的任意数字。

3. 每人每次出两张牌，1 张是数字 6，另 1 张是 1 ~ 9 的任意数字，边出边说这两个数的积是多少，说口诀。

例如，出 4 和 6 时要说“四六二十四”。

4. 大积管小积，无人管时，大者继续出。

5. 先出完牌者胜利。

每玩一盘，都要记录玩牌结果，排出名次。

说明：出牌时互相监督，出现口诀错误，请把牌拿回，下次再出。

扑克牌比赛记录单（我是冠军）

成员	第一次排名	第二次排名	第三次排名	第四次排名
组长	第（　）名			
组员	第（　）名			
组员	第（　）名			
组员	第（　）名			

说明：玩牌人数最少2人，最多4人。

经典例题

例：自制扑克牌24张，分为两副，一副有12张数字6，另一副有12张1～9的任意数字。根据扑克牌游戏规则出牌。每人每次出两张牌，1张是数字6，另1张是1～9的任意数字，边出边说出这两个数的积是多少，说口诀。例如，出3和6时要说“三六一十八”。较大积管较小积，无人管时，大者继续出。

随堂练习

A. 两个人为一组，利用扑克牌练习6的乘法口诀。

B. 3个人为一组，利用扑克牌练习6的乘法口诀。

课堂小结

通过扑克牌游戏，让学生在玩乐的同时，帮助和培养学生的口算能力，激发学生学习数学的乐趣，把数学知识和实际生活联系到一起，在学习中不断获得自信心，能主动地参与数学活动。经过归纳6的乘法口诀的过程，知道6的乘法口诀的来历，并能理解每句口诀的含义。

第二十九节　7的乘法口诀

教学目标

通过扑克牌游戏，经过编制 7 的乘法口诀的过程，体验 7 的乘法口诀的来源，掌握口诀的特征并熟记口诀。经历知识形成的全过程，体验探究的乐趣。

教学难点和重点

熟练说出 7 的乘法口诀。

教学建议

教学时要关注学生的学习兴趣，帮助和培养学生熟练地说出 7 的乘法口诀。

教学用具

自制扑克牌，每组两副牌，每副牌 12 张，一副牌有 12 张数字 7，另一副牌有 12 张 1 ~ 9 的任意数字。

教学内容

扑克牌游戏规则：

1. 洗牌时将 1 张牌的正面朝上，谁抓到正面朝上的那张牌谁先出。

2. 每人抓 6 张牌，先从一副牌中抓 3 张数字 7，再从另一副牌中抓 3 张 1 ~ 9 的任意数字。

3. 每人每次出两张牌，1 张是数字 7，另 1 张是 1 ~ 9 的任意数字，边出边说这两个数的积是多少，说口诀。

例如，出 4 和 7 时要说“四七二十八”。

4. 大积管小积，无人管时，大者继续出。

5. 先出完牌者胜利。

每玩一盘，都要记录玩牌结果，排出名次。

说明：出牌时互相监督，出现口诀错误，请把牌拿回，下次再出。

扑克牌比赛记录单（我是冠军）

成员	第一次排名	第二次排名	第三次排名	第四次排名
组长	第（　）名			
组员	第（　）名			
组员	第（　）名			
组员	第（　）名			

说明：玩牌人数最少2人，最多4人。

经典例题

例：自制扑克牌24张，分为两副，一副有12张数字7，另一副有12张1～9的任意数字。根据扑克牌游戏规则出牌。每人每次出两张牌，1张是数字7，另1张是1～9的任意数字。边出边说这两个数的积是多少，说口诀。较大积管较小积，无人管时，大者继续出。

随堂练习

两个人为一组，分别从对方手中的牌中抽取两张，并且迅速说出乘法口诀相乘的结果，例如，7乘6，说出“六七四十二”。对方监督并记录比赛结果。

课堂小结

通过扑克牌游戏，让学生在玩乐的同时，帮助和培养学生的口算能力，激发学生学习数学的乐趣，把数学知识和实际生活联系到一起，在学习中不断获得自信心，能主动地参与数学活动。

第三十节　8的乘法口诀

教学目标

通过扑克牌游戏，经过编制 8 的乘法口诀的过程，掌握口诀的特征并熟记口诀。经历知识形成的过程，体验探究的乐趣。

教学难点和重点

熟练说出 8 的乘法口诀。

教学建议

教学时要关注学生的学习兴趣，帮助和培养学生熟练地说出 8 的乘法口诀。

教学用具

自制扑克牌，每组两副牌，每副牌 12 张，一副牌有 12 张数字 8，另一副牌有 12 张 1 ~ 9 的任意数字。

教学内容

扑克牌游戏规则：

1. 洗牌时将 1 张牌的正面朝上，谁抓到正面朝上的那张牌谁先出。

2. 每人抓 6 张牌，先从一副牌中抓 3 张数字 8，再从另一副牌中抓 3 张 1 ~ 9 的任意数字。

3. 每人每次出两张牌，1 张是数字 8，另 1 张是 1 ~ 9 的任意数字，边出边说这两个数的积是多少，说口诀。

例如，出 4 和 8 时要说“四八三十二”。

4. 大积管小积，无人管时，大者继续出。

5. 先出完牌者胜利。

每玩一盘，都要记录玩牌结果，排出名次。

说明：出牌时互相监督，出现口诀错误，请把牌拿回，下次再出。

扑克牌比赛记录单（我是冠军）

成员	第一次排名	第二次排名	第三次排名	第四次排名
组长	第（　　）名			
组员	第（　　）名			
组员	第（　　）名			
组员	第（　　）名			

说明：玩牌人数最少2人，最多4人。

经典例题

例：自制扑克牌24张，分为两副，一副有12张数字8，另一副有12张1～9的任意数字。根据扑克牌游戏规则出牌。每人每次出两张牌，1张是数字8，另1张是1～9的任意数字。边出边说这两个数的积是多少，说口诀。较大积管较小积，无人管时，大者继续出。

8 × 5 = ?

随堂练习

A. 两个人为一组，利用扑克牌练习8的乘法口诀。

B. 3个人为一组，利用扑克牌练习8的乘法口诀。

课堂小结

通过扑克牌游戏，让学生在玩乐的同时，帮助和培养学生的口算能力，激发学生学习数学的乐趣，把数学知识和实际生活联系到一起，在学习中不断获得自信心，能主动地参与数学活动。

第三十一节　9的乘法口诀

教学目标

通过扑克牌游戏，引导学生初步熟记 9 的乘法口诀，能用乘法口诀进行简单计算，培养学生初步的知识迁移以及类推能力。

教学难点和重点

熟练说出 9 的乘法口诀。

教学建议

教学时要关注学生的学习兴趣，帮助和培养学生熟练地说出 9 的乘法口诀。

教学用具

自制扑克牌 24 张，每组两副牌，每副牌 12 张，一副牌有 12 张数字 9，另一副牌有 12 张 1 ~ 9 的任意数字。

教学内容

扑克牌游戏规则：

1. 洗牌时将 1 张牌的正面朝上，谁抓到正面朝上的那张牌谁先出。

2. 每人抓 6 张牌，先从一副牌中抓 3 张数字 9，再从另一副牌中抓 3 张 1 ~ 9 的任意数字。

3. 每人每次出两张牌，1 张是数字 9，另 1 张是 1 ~ 9 的任意数字，边出边说这两个数的积是多少，说口诀。

例如，出 6 和 9 时要说“六九五十四”。

4. 大积管小积，无人管时，大者继续出。

5. 先出完牌者胜利。

每玩一盘，都要记录玩牌结果，排出名次。

说明：出牌时互相监督，出现口诀错误，请把牌拿回，下次再出。

扑克牌比赛记录单（我是冠军）

成员	第一次排名	第二次排名	第三次排名	第四次排名
组长	第（　）名			
组员	第（　）名			
组员	第（　）名			
组员	第（　）名			

说明：玩牌人数最少2人，最多4人。

经典例题

例：自制扑克牌24张，其中12张是数字9。根据扑克牌游戏规则出牌。每人每次出两张牌，1张是数字9，另1张是1～9的任意数字。边出边说这两个数的积是多少，说口诀。较大积管较小积，无人管时，大者继续出。

随堂练习

A. 两个人为一组，利用扑克牌练习9的乘法口诀。

B. 3个人为一组，利用扑克牌练习9的乘法口诀。

课堂小结

通过扑克牌游戏，让学生在玩乐的同时，帮助和培养学生的口算能力，激发学生学习数学的乐趣，把数学知识和实际生活联系到一起，在学习中不断获得自信心，能主动地参与数学活动。

第三十二节　二年级乘法口诀练习

教学目标

通过扑克牌游戏，使学生熟练掌握乘法口诀，为整数、小数乘法和除法计算做好充分准备。

教学难点和重点

熟练掌握乘法口诀，提高口算正确率和速度。

教学建议

关注学生对所涉及情境的了解，关注学生对之前所学乘法口诀的掌握程度。

教学用具

自制扑克牌，每组两副牌，每副牌 12 张，为 1 ～ 9 的任意数字。

教学内容

扑克牌游戏规则：

1. 洗牌时将 1 张牌的正面朝上，谁抓到正面朝上的那张牌谁先出。

2. 每人抓 6 张牌，每人每次出两张牌，边出边说这两个数的乘积是多少。

例如，出 2 和 6 时，要说“二六一十二”。

3. 大积管小积，无人管时，大者继续出。积相同时，先出此乘积的两张牌者继续出。

4. 先出完牌者胜利。

每玩一盘，都要记录玩牌结果，排出名次。

说明：出牌时互相监督，出现口诀错误，请把牌拿回，下次再出。

扑克牌比赛记录单（我是冠军）

成员	第一次排名	第二次排名	第三次排名	第四次排名
组长	第（　　）名			
组员	第（　　）名			
组员	第（　　）名			
组员	第（　　）名			

说明：玩牌人数最少2人，最多4人。

经典例题

例 1：小敏、小军两个人玩扑克牌游戏，每个人手上 6 张自制扑克牌，小敏手上的扑克牌分别是两张数字 8，数字 5、4、3、9 各 1 张；小军手上的扑克牌分别是两张数字 2，两张数字 6，数字 1、4 各 1 张。根据扑克牌游戏规则出牌。

例 2：小明、小军、小丽、小天 4 个人玩扑克牌游戏，每人手上 6 张自制扑克牌。每人每次只出两张牌，边出边说这两个数的积是多少。

随堂练习

A. 两个人为一组，分别从对方手中的牌中抽取两张并且迅速说出乘法口诀相乘的结果，对方监督并记录比赛结果。

B. 4 个人为一组，一方说出一个数字（例如 9），另三方要迅速从自己的数字牌中拿出相乘为 9 的两张牌，边出牌边说出这两个数字的乘法口诀，第一个准确拿出并且回答对的学生记 1 分，最后排名。

课堂小结

通过扑克牌游戏，让学生在玩乐的同时，学会 1 ~ 9 的乘法口诀并且对乘法口诀进一步熟识，培养学生的专注力和瞬时记忆能力，激发学生学习数学的乐趣，在快乐中学到数学知识。

第七单元　周长、面积、体积的练习

本单元的教学目标

1. 在具体的情境中，通过观察、操作活动，初步了解周长、面积、体积的计算公式。

2. 比较熟练地掌握长方形和正方形周长、面积，平行四边形面积，三角形面积，梯形面积，长方体、正方体体积的计算方法。

3. 经过与他人交流各自算法的过程，培养学生独立思考、学会倾听、条理表达的习惯。

4. 在解决问题的具体情境中，感受数学与生活的联系，培养学生学习和应用数学的兴趣。

主要内容及地位作用

本单元内容是在学生学习了面积和体积公式之后进行的练习。通过扑克牌游戏的方式，让学生可以熟练地掌握长方形、正方形的面积和周长的公式，熟练地掌握梯形的面积公式，为学生以后学习图形的面积打下坚实的基础。

本单元还编排了很多练习的活动，学数学是为了用数学，这是数学教学的主要目标之一。由于学生识字不多，用游戏的方式引发学生学习数学的兴趣，通过游戏让学生体会数学知识与生活的联系，以培养学生的数学意识及解题过程的能力。

第三十三节　米和厘米的换算

教学目标

在学生初步掌握长度单位厘米和米、理解 1 米等于 100 厘米的换算的基础上，通过扑克牌游戏的方式，让学生熟练掌握米和厘米的换算。

教学难点和重点

熟练说出米和厘米的换算，理解 1 米等于 100 厘米。

教学建议

教学时要关注学生的学习兴趣，帮助和培养学生形成厘米和米的正确表象。

教学用具

自制扑克牌，每副牌 12 张，每组两副牌，为 1 ~ 10 的任意数字。

教学内容

扑克牌游戏规则：

1. 每人抓 6 张牌，洗牌时将 1 张牌的正面朝上，谁抓到正面朝上的那张牌谁先出。
2. 每人每次出 1 张牌，边出边说米、厘米的关系。

例如，6 米等于 600 厘米。

3. 大数管小数，无人管时，大者继续出。
4. 出牌时互相监督，出现错误，对方纠正。
5. 先出完牌者胜利。

每玩一盘，都要记录玩牌结果，排出名次。

扑克牌比赛记录单（我是冠军）

成员	第一次排名	第二次排名	第三次排名	第四次排名
组长	第（　）名			
组员	第（　）名			
组员	第（　）名			
组员	第（　）名			

说明：玩牌人数最少2人，最多4人。

经典例题

例：3个人为一组，1个人出题，另两个人抢答。出题者随机抽取1张牌，例如，数字8代表8米，规定让答题者回答米和厘米的换算结果，出题者负责记录比赛结果。

随堂练习

两个人为一组，每次只出1张牌，例如，数字5代表5米，边出边说出米和厘米的换算结果。谁的数大，谁继续出牌，牌出完者胜利。

课堂小结

通过扑克牌游戏，让学生在玩乐的同时，帮助和培养学生形成厘米和米的正确表象，激发学生学习数学的乐趣，把数学知识和实际生活联系到一起，让学生在学习中不断获得自信心，能主动地参与数学活动。

第三十四节　长方形、正方形周长的练习

教学目标

通过扑克牌游戏，让学生熟练掌握长方形、正方形周长的计算方法，在玩牌过程中，理解其算理，避免与长方形、正方形的面积计算方法相混淆。

教学难点和重点

长方形、正方形周长的计算方法。

教学建议

教学时要关注学生的学习兴趣，帮助和培养学生熟练地说出长方形、正方形周长的计算方法。

教学用具

自制扑克牌，每副牌 12 张，每组两副牌，为 1 ～ 5 的任意数字。

教学内容

扑克牌游戏规则：

1. 每人抓 6 张牌，洗牌时将 1 张牌的正面朝上，谁抓到正面朝上的那张牌谁先出。

2. 每人每次出 1 张或两张牌，边出边说这个长方形（出两张牌，分别代表长和宽）或正方形（出 1 张牌，代表边长）的周长是多少。

例如，出 5 和 3，说“长方形的长是 5 米，宽是 3 米，5 加 3 的和是 8，8 乘 2 等于 16，周长是 16 米”。

例如，出 5，说“正方形的边长是 5 米，5 乘 4 等于 20，周长是 20 米”。

3. 大周长管小周长，无人管且计算方法、结果无误时，大者继续出。

4. 出牌时互相监督，出现错误，对方纠正。

5. 先出完牌者胜利。

每玩一盘，都要记录玩牌结果，排出名次。

说明：学生说数字时要有单位名称，先出牌者定单位名称。

长方形周长 =（长 + 宽）×2　　正方形周长 = 边长 ×4

扑克牌比赛记录单（我是冠军）

成员	第一次排名	第二次排名	第三次排名	第四次排名
组长	第（　）名			
组员	第（　）名			
组员	第（　）名			
组员	第（　）名			

说明：玩牌人数最少2人，最多4人。

经典例题

例：自制扑克牌24张，为1～5的任意数字，根据扑克牌游戏规则出牌。每人每次出1张或两张牌，边出边说这个长方形或正方形的周长是多少。例如，出5和4，说“长方形的长是5米，宽是4米，5加4的和是9，9乘2等于18，周长是18米”。既可以两个人玩游戏，也可以3个人玩游戏，最多4个人玩。边玩边说正方形或长方形的周长是多少。

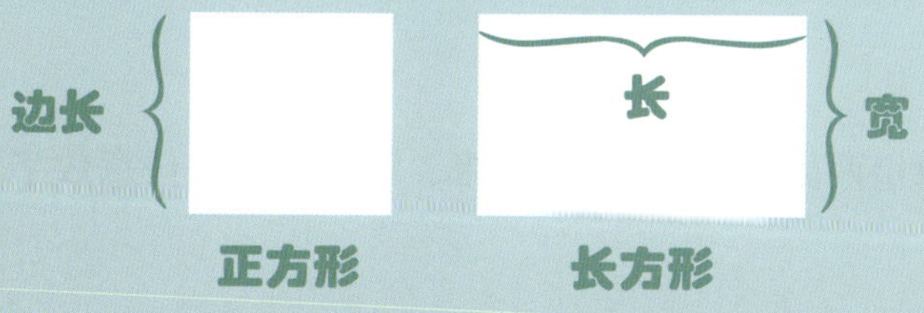

随堂练习

A. 两个人为一组，利用扑克牌进行正方形和长方形周长的练习。

B. 3个人为一组，利用扑克牌进行正方形和长方形周长的练习。

课堂小结

通过扑克牌游戏，让学生在玩乐的同时，帮助和培养学生掌握正方形和长方形周长的含义，激发学生学习数学的乐趣，同时把数学知识和实际生活联系到一起，在学习中不断获得自信心，能主动地参与数学活动。

第三十五节　长方形、正方形面积的练习

教学目标

通过扑克牌游戏，使学生熟练掌握长方形和正方形面积的计算方法，提高面积计算的正确率。

教学难点和重点

长方形、正方形面积的计算方法。

教学建议

教学时要关注学生的学习兴趣，帮助和培养学生熟练地说出长方形、正方形面积的计算方法。

教学用具

自制扑克牌，每组两副牌，每副牌 12 张，为 1 ~ 5 的任意数字。

教学内容

扑克牌游戏规则：

1. 每人抓 6 张牌，洗牌时将 1 张牌的正面朝上，谁抓到正面朝上的那张牌谁先出。

2. 每人每次出 1 张牌（代表正方形的边长）或两张牌（代表长方形的长和宽），边出边说长方形或正方形的面积是多少。

例如，出 3 和 2，说“长方形的长是 3 米，宽是 2 米，它的面积是 3 乘 2 等于 6 平方米”。

例如，出 5，说“正方形的边长是 5 米，它的面积是 5 乘 5 等于 25 平方米”。

3. 大面积管小面积，无人管且计算方法、结果无误时，大者继续出。

4. 出牌时互相监督，出现错误，对方纠正。

5. 先出完牌者胜利。

每玩一盘，都要记录玩牌结果，排出名次。

说明：学生说数字时要有单位名称，先出牌者定单位名称。

正方形面积=边长×边长　　长方形面积=长×宽

扑克牌比赛记录单（我是冠军）

成员	第一次排名	第二次排名	第三次排名	第四次排名
组长	第（　）名			
组员	第（　）名			
组员	第（　）名			
组员	第（　）名			

说明：玩牌人数最少2人，最多4人。

经典例题

例：自制扑克牌24张，为1～5的任意数字，根据扑克牌游戏规则出牌。每人每次出1张或两张牌，边出边说这个长方形或正方形的面积是多少。既可以两个人玩游戏，也可以3个人玩游戏，最多4个人玩。

随堂练习

A. 两个人为一组，利用扑克牌进行正方形和长方形面积的练习。

B. 3个人为一组，利用扑克牌进行正方形和长方形面积的练习。

课堂小结

通过扑克牌游戏，让学生在玩乐的同时，帮助和培养学生掌握正方形和长方形面积的含义，激发学生学习数学的乐趣，把数学知识和实际生活联系到一起，在学习中不断获得自信心，能主动地参与数学活动。

第三十六节 平行四边形面积的练习

教学目标

通过扑克牌游戏，使学生熟练掌握平行四边形面积的计算方法，提高正确率。同时也为学习三角形面积打基础。

教学难点和重点

平行四边形面积的计算方法。

教学建议

教学时要关注学生的学习兴趣，帮助和培养学生熟练地说出平行四边形面积的计算方法。

教学用具

自制扑克牌，每组两副牌，每副牌 12 张，为 1 ~ 5 的任意数字。

教学内容

扑克牌游戏规则：

1. 每人抓 6 张牌，洗牌时将 1 张牌的正面朝上，谁抓到正面朝上的那张牌谁先出。

2. 每人每次出两张牌（1 张代表底，1 张代表高），口算出平行四边形的面积是多少。

例如，出 5 和 3，说“底是 5 米，高是 3 米，它的面积是 5 乘 3 等于 15 平方米”。

3. 大面积管小面积，无人管且计算方法、结果无误时，大者继续出。

4. 出牌时互相监督，出现错误，对方纠正。

5. 先出完牌者胜利。

每玩一盘，都要记录玩牌结果，排出名次。

说明：学生说数字时要有单位名称，先出牌者定单位名称。

平行四边形面积=底×高

扑克牌比赛记录单（我是冠军）

成员	第一次排名	第二次排名	第三次排名	第四次排名
组长	第（　）名			
组员	第（　）名			
组员	第（　）名			
组员	第（　）名			

说明：玩牌人数最少2人，最多4人。

经典例题

例：自制扑克牌 24 张，为 1 ～ 5 的任意数字，根据扑克牌游戏规则出牌。每人每次出两张牌，口算出平行四边形的面积是多少。例如，出 4 和 3，说“底是 4 米，高是 3 米，它的面积是 4 乘 3 等于 12 平方米”。既可以两个人玩游戏，也可以 3 个人玩游戏，最多 4 个人玩。边玩边说平行四边形的面积是多少。

随堂练习

A. 两个人为一组，利用扑克牌进行平行四边形面积的练习。

B. 3 个人为一组，利用扑克牌进行平行四边形面积的练习。

课堂小结

通过扑克牌游戏，让学生在玩乐的同时，帮助和培养学生掌握平行四边形面积的计算方法，激发学生学习数学的乐趣，把数学知识和实际生活联系到一起，在学习中不断获得自信心，能主动地参与数学活动。

第三十七节 三角形面积的练习

教学目标

通过扑克牌游戏，使学生进一步理解和掌握三角形面积的计算方法，通过巧算，推导出其他两个计算公式（底 ÷2× 高，高 ÷2× 底），培养学生认真观察、再发现的能力。

教学难点和重点

三角形面积的计算方法。

教学建议

教学时要关注学生的学习兴趣，帮助和培养学生熟练地说出三角形面积的计算方法。

教学用具

自制扑克牌，每组两副牌，每副牌 12 张，为 1 ~ 5 的任意数字。

教学内容

扑克牌游戏规则：

1. 每人抓 6 张牌，洗牌时将 1 张牌的正面朝上，谁抓到正面朝上的那张牌谁先出。

2. 每人每次出两张牌（代表底和高），边出边说三角形的面积是多少。

例如，出 4 和 2，说“底是 4 米，高是 2 米，它的面积是 4 乘 2 再除以 2，等于 4 平方米”。

3. 大面积管小面积，无人管且计算方法、结果无误时，大者继续出。

4. 先出完牌者胜利。

每玩一盘，都要记录玩牌结果，排出名次。

说明：学生说数字时要有单位名称，先出牌者定单位名称。

三角形面积 = 底 × 高 ÷2

扑克牌比赛记录单（我是冠军）

成员	第一次排名	第二次排名	第三次排名	第四次排名
组长	第（　）名			
组员	第（　）名			
组员	第（　）名			
组员	第（　）名			

说明：玩牌人数最少2人，最多4人。

经典例题

例：自制扑克牌24张，为1～5的任意数字，根据扑克牌游戏规则出牌。每人每次出两张牌，口算出三角形的面积是多少。例如，出3和2，说“底是3米，高是2米，它的面积是3乘2再除以2等于3平方米”。既可以两个人玩游戏，也可以3个人玩游戏，最多4个人玩。边玩边说三角形的面积是多少。

随堂练习

A. 两个人为一组，利用扑克牌进行三角形面积的练习。

B. 3个人为一组，利用扑克牌进行三角形面积的练习。

课堂小结

通过扑克牌游戏，让学生在玩乐的同时，帮助和培养学生掌握三角形面积的含义，激发学生学习数学的乐趣，把数学知识和实际生活联系到一起，在学习中不断获得自信心，能主动地参与数学活动。

第三十八节　梯形面积的练习

教学目标

通过扑克牌游戏，使学生进一步理解和掌握梯形面积的计算方法，培养学生认真观察、再发现的能力。培养学生思维的灵活性、与他人合作的态度以及学习数学的兴趣、解决问题的能力。

教学难点和重点

梯形面积的计算方法。

教学建议

教学时要关注学生的学习兴趣，利用扑克牌游戏让学生掌握梯形面积的计算方法。

教学用具

自制扑克牌，每组两副牌，每副牌 18 张，为 1 ～ 5 的任意数字。

教学内容

扑克牌游戏规则：

1. 每人抓 9 张牌，洗牌时将 1 张牌的正面朝上，谁抓到正面朝上的那张牌谁先出。

2. 每人每次出 3 张牌（代表上底、下底和高），边出边说梯形的面积是多少。

例如，出 2、4、5，说“上底是 2 米，下底是 4 米，高是 5 米，它的面积是 2 加 4 的和，乘 5 再除以 2，等于 15 平方米”。

3. 大面积管小面积，无人管且计算方法、结果无误时，大者继续出。

4. 先出完牌者胜利。

每玩一盘，都要记录玩牌结果，排出名次。

说明：学生说数字时要有单位名称，先出牌者定单位名称。

梯形面积 =（上底 + 下底）× 高 ÷2

扑克牌比赛记录单（我是冠军）

成员	第一次排名	第二次排名	第三次排名	第四次排名
组长	第（　）名			
组员	第（　）名			
组员	第（　）名			
组员	第（　）名			

说明：玩牌人数最少2人，最多4人。

经典例题

例：自制扑克牌36张，为1～5的任意数字，根据扑克牌游戏规则出牌。每人每次出3张牌，边出边说梯形的面积是多少。例如，出1、3、4，说“上底是1米，下底是3米，高是4米，它的面积是1加3的和，乘4再除以2，等于8平方米”。既可以两个人玩游戏，也可以3个人玩游戏，最多4个人玩。边玩边说梯形的面积是多少。

随堂练习

每组两个人进行梯形面积的练习，获胜者再进行下一轮游戏。评选出冠军，进行奖励。

课堂小结

通过扑克牌游戏，让学生在玩乐的同时，帮助和培养学生掌握梯形面积的计算方法，激发学生学习数学的乐趣，把数学知识和实际生活联系到一起，在学习中不断获得自信心，能主动地参与数学活动。

第三十九节　长方体体积的练习

教学目标

通过扑克牌游戏，让学生熟练掌握长方体体积的计算方法，加强个数相乘的口算练习，提高口算能力。

教学难点和重点

长方体体积的计算方法。

教学建议

教学时要关注学生的学习兴趣，利用扑克牌游戏让学生掌握长方体体积的计算方法。

教学用具

自制扑克牌，每组两副牌，每副牌 18 张，为 1 ~ 5 的任意数字。

教学内容

扑克牌游戏规则：

1. 每人抓 9 张牌，洗牌时将 1 张牌的正面朝上，谁抓到正面朝上的那张牌谁先出。

2. 每人每次出 3 张牌（代表长、宽和高），边出边说长方体体积是多少。

例如，如果出 5、3、2，就说“长方体的长是 5 米，宽是 3 米，高是 2 米，它的体积是 5 乘 3 乘 2 等于 30 立方米”。

3. 大体积管小体积，无人管且计算方法、结果无误时，大者继续出。

4. 先出完牌者胜利。

每玩一盘，都要记录玩牌结果，排出名次。

说明：学生说数字时要有单位名称，先出牌者定单位名称。

长方体体积 = 长 × 宽 × 高

扑克牌比赛记录单（我是冠军）

成员	第一次排名	第二次排名	第三次排名	第四次排名
组长	第（　）名			
组员	第（　）名			
组员	第（　）名			
组员	第（　）名			

说明：玩牌人数最少2人，最多4人。

经典例题

例：自制扑克牌 36 张，为 1 ~ 5 的任意数字，根据扑克牌游戏规则出牌。每人每次出 3 张牌，边出边说长方体体积是多少。例如，如果出 4、2、1，就说“长方体的长是 4 米，宽是 2 米，高是 1 米，它的体积是 4 乘 2 乘 1 等于 8 立方米”。既可以两个人玩游戏，也可以 3 个人玩游戏，最多 4 个人玩。边玩边说长方体体积是多少。

随堂练习

每组两个人进行长方体的体积练习，获胜者再进行下一轮游戏。评选出冠军，进行奖励。

课堂小结

通过扑克牌游戏，让学生在玩乐的同时，帮助和培养学生掌握长方体体积的计算方法，激发学生学习数学的乐趣，把数学知识和实际生活联系到一起，在学习中不断获得自信心，能主动地参与数学活动。

第四十节　正方体体积的练习

教学目标

通过扑克牌游戏，让学生熟练掌握正方体体积的计算方法，避免与长方体体积计算方法混淆。加强求一个数立方的口算练习，提高口算能力。

教学难点和重点

正方体体积的计算方法。

教学建议

教学时要关注学生的学习兴趣，利用扑克牌游戏让学生掌握正方体体积的计算方法。

教学用具

自制扑克牌，每组两副牌，每副牌 12 张，为 1 ~ 5 的任意数字。

教学内容

扑克牌游戏规则：

1. 每人抓 6 张牌，洗牌时将 1 张牌的正面朝上，谁抓到正面朝上的那张牌谁先出。

2. 每人每次出 1 张牌，代表边长，边出边说正方体的体积是多少。

例如，如果出数字 2，就说“正方体的边长是 2 米，它的体积是 2 乘 2 乘 2 等于 8 立方米”。

3. 大体积管小体积，无人管且计算方法、结果无误时，大者继续出。

4. 先出完牌者胜利。

说明：学生说数字时要有单位名称，先出牌者定单位名称。

正方体体积 = 边长 × 边长 × 边长

扑克牌比赛记录单（我是冠军）

成员	第一次排名	第二次排名	第三次排名	第四次排名
组长	第（　　）名			
组员	第（　　）名			
组员	第（　　）名			
组员	第（　　）名			

说明：玩牌人数最少2人，最多4人。

经典例题

例：自制扑克牌24张，为1～5的任意数字，根据扑克牌游戏规则出牌。每人每次出1张牌，代表边长，边出边说正方体的体积是多少。例如，如果出3，就说“正方体的边长是3米，它的体积是3乘3乘3等于27立方米”。既可以两个人玩游戏，也可以3个人玩游戏，最多4个人玩。边玩边说正方体体积是多少。

随堂练习

每组两人进行正方体的体积练习，获胜者再进行下一轮游戏。评选出冠军，进行奖励。

课堂小结

通过扑克牌游戏，让学生在玩乐的同时，帮助和培养学生掌握正方体体积的计算方法，激发学生学习数学的乐趣，把数学知识和实际生活联系到一起，在学习中不断获得自信心，能主动地参与数学活动。

第八单元　数的特征

第四十一节　练习“能被2、5整除的数的特征”

教学目标

通过扑克牌游戏，进一步巩固“能被 2、5 整除的数的特征”，掌握判断方法。

教学难点和重点

了解能被 2、5 整除的数的特征。

教学建议

教学时要关注学生的学习兴趣，帮助和培养学生熟练地说出哪些数可以被 2 整除，哪些数可以被 5 整除。

教学用具

自制扑克牌，数字为 2 或 5 的倍数，每组两副牌，每副牌 12 张。

教学内容

扑克牌游戏规则：

1. 每人抓 6 张牌，这些牌是只能被 2 或 5 整除的数，洗牌时将 1 张牌的正面朝上，谁抓到正面朝上的那张牌谁先出。

2. 每人每次出 1 张牌，边出边说出牌上的数字能否被 2 或 5 整除。

例如，4 能被 2 整除，25 能被 5 整除。

3. 大数管小数，无人管且判断正确时，大者继续出牌。

4. 先出完牌者胜利。

扑克牌比赛记录单（我是冠军）

成员	第一次排名	第二次排名	第三次排名	第四次排名
组长	第（　）名			
组员	第（　）名			
组员	第（　）名			
组员	第（　）名			

说明：玩牌人数最少2人，最多4人。

经典例题

例：自制扑克牌24张，数字为2或5的倍数，根据扑克牌游戏规则出牌。每人每次出1张牌，边出边说出牌上的数字能否被2或5整除。例如，6能被2整除，10能被5整除。

随堂练习

A. 两个人为一组，1个人随意抽取1张牌，让对方说出是否能被2或5整除，然后角色互换继续游戏。正确率高的人获胜。

B. 3个人为一组，1个人出牌，另外两个人抢答，利用扑克牌练习能被2或5整除的数。

课堂小结

通过扑克牌游戏，让学生在玩乐的同时，帮助和培养学生掌握能被2或5整除的数的方法，激发学生学习数学的乐趣，把数学知识和实际生活联系到一起，在学习中不断获得自信心，能主动地参与数学活动。

第四十二节　练习“奇数、偶数”

教学目标

通过扑克牌游戏，进一步理解奇数、偶数，更好地掌握其特征，能快速判断出一个数是奇数还是偶数，为今后的学习做准备。

教学难点和重点

了解奇数、偶数的特征。

教学建议

教学时要关注学生的学习兴趣，帮助和培养学生熟练地说出哪些数是奇数，哪些数是偶数。

教学用具

自制扑克牌，每组两副牌，每副牌 12 张，有奇数，有偶数，为 1 ~ 100 的任意数字。

教学内容

扑克牌游戏规则：

1. 每人抓 6 张牌，洗牌时将 1 张牌的正面朝上，谁抓到正面朝上的那张牌谁先出。

2. 每人每次出 1 张牌，边出边说出是奇数还是偶数。

3. 大奇数管小奇数，大偶数管小偶数，无人管且判断正确时，大者继续出。

4. 先出完牌者胜利。

扑克牌比赛记录单（我是冠军）

成员	第一次排名	第二次排名	第三次排名	第四次排名
组长	第（　）名			
组员	第（　）名			
组员	第（　）名			
组员	第（　）名			

说明：玩牌人数最少2人，最多4人。

经典例题

例：老师和学生每人抓 6 张牌，根据扑克牌游戏规则出牌。

随堂练习

A. 两个人为一组，利用扑克牌练习奇数。

B. 3 个人为一组，利用扑克牌练习偶数。

课堂小结

通过扑克牌游戏，让学生在玩乐的同时，帮助和培养学生判断奇数和偶数的方法，激发学生学习数学的乐趣，把数学知识和实际生活联系到一起，在学习中不断获得自信心，能主动地参与数学活动。

第四十三节 练习“能被3整除的数的特征”

教学目标

通过扑克牌游戏，进一步巩固“能被 3 整除的数的特征”，掌握判断方法。

教学难点和重点

了解能被 3 整除的数的特征。

教学建议

教学时要关注学生的学习兴趣，帮助和培养学生熟练地说出哪些数可以被 3 整除。

教学用具

自制扑克牌，数字为 1 ~ 100 中 3 的倍数，每组两副牌，每副牌 12 张。

教学内容

扑克牌游戏规则：

1. 每人抓 6 张牌，这些牌是只能被 3 整除的数，洗牌时将 1 张牌的正面朝上，谁抓到正面朝上的那张牌谁先出。

2. 每人每次出 1 张牌，边出边说出牌上的数字能否被 3 整除。

例如，63 能被 3 整除，51 能被 3 整除。

3. 大数管小数，无人管且判断正确时，大者继续出。

4. 先出完牌者胜利。

扑克牌比赛记录单（我是冠军）

成员	第一次排名	第二次排名	第三次排名	第四次排名
组长	第（　　）名			
组员	第（　　）名			
组员	第（　　）名			
组员	第（　　）名			

说明：玩牌人数最少2人，最多4人。

经典例题

例：自制扑克牌24张，数字为3的倍数，根据扑克牌游戏规则出牌。每人每次出1张牌，边出边说出牌上的数字能否被3整除。例如，9能被3整除。

随堂练习

A. 两个人为一组，1个人随意抽取1张牌，让对方说出是否能被3整除，然后角色互换继续游戏。正确率高的人获胜。

B. 3个人为一组，1个人出牌，另外两个人抢答，利用扑克牌练习能被3整除的数。

课堂小结

通过扑克牌游戏，让学生在玩乐的同时，帮助和培养学生掌握能被3整除的数的方法，激发学生学习数学的乐趣，把数学知识和实际生活联系到一起，在学习中不断获得自信心，能主动地参与数学活动。

第四十四节　练习“质数、合数”

教学目标

通过扑克牌游戏，巩固、理解“质数”“合数”这两个概念，通过扑克牌游戏，更好地掌握 100 以内的质数、合数，提高判断速度，为分解质因数等知识的学习打好基础。

教学难点和重点

可以分清楚什么数是质数，什么数是合数。

教学建议

教学时要关注学生的学习兴趣，帮助和培养学生熟练地说出哪些数是质数，哪些数是合数。

教学用具

自制扑克牌，每组两副牌，每副牌 12 张，为 1 ~ 100 的任意数字。

教学内容

质数：又称为素数，指在一个大于 1 的自然数中除了 1 和此整数自身外，没法被其他自然数整除的数。例如，2、3、5、7、11、13 都是质数。

合数：比 1 大但不是质数的数称为合数，自然数中除能被 1 和本身整除外，还能被其他的数整除的数。例如，6 能被 1 和 6 整除，还能被 2 和 3 整除。

扑克牌游戏规则：

1. 每人抓 6 张牌，洗牌时将 1 张牌的正面朝上，谁抓到正面朝上的那张牌谁先出。

2. 每人每次出 1 张牌，边出边说出是质数还是合数。

3. 大质数管小质数，大合数管小合数，无人管且判断正确时，大者继续出。

4. 先出完牌者胜利。

扑克牌比赛记录单（我是冠军）

成员	第一次排名	第二次排名	第三次排名	第四次排名
组长	第（　　）名			
组员	第（　　）名			
组员	第（　　）名			
组员	第（　　）名			

说明：玩牌人数最少2人，最多4人。

经典例题

例：老师和学生每人抓6张牌，根据扑克牌游戏规则出牌。

随堂练习

老师把学生分成A、B两组，A组的学生利用扑克牌进行判断质数的游戏，B组同学利用扑克牌进行判断合数的游戏。选出A、B两组获胜的同学进行奖励。

课堂小结

通过扑克牌游戏，让学生在玩乐的同时，帮助和培养学生掌握质数、合数的含义，激发学生学习数学的乐趣，把数学知识和实际生活联系到一起，在学习中不断获得自信心，能主动地参与数学活动。

第四十五节　练习“分解质因数”

教学目标

通过扑克牌游戏，使学生更好地、熟练地掌握分解质因数的方法，口头练习与书面练习相结合，正确将一个合数分解质因数，避免格式上的错误。

教学难点和重点

分解质因数的方法。

教学建议

教学时要关注学生的学习兴趣，帮助和培养学生熟练地说出分解质因数的计算方法。

教学用具

自制扑克牌，为 1 ~ 100 的任意合数，每组两副牌，每副牌 12 张。

教学内容

扑克牌游戏规则：

1. 每人抓 6 张“合数”牌，洗牌时将 1 张牌的正面朝上，谁抓到正面朝上的那张牌谁先出。

2. 每人每次出 1 张牌，边出边说出分解质因数的结果。

例如，把 10 分解质因数，$10=2\times5$。

3. 大合数管小合数，无人管且结果正确时，大者继续出。

4. 先出完牌者胜利。

扑克牌比赛记录单（我是冠军）

成员	第一次排名	第二次排名	第三次排名	第四次排名
组长	第（　）名			
组员	第（　）名			
组员	第（　）名			
组员	第（　）名			

说明：玩牌人数最少2人，最多4人。

经典例题

例：老师和学生每人抓 6 张“合数”牌，根据扑克牌游戏规则出牌。

随堂练习

A. 两个人为一组，利用扑克牌练习分解质因数。

B. 3 个人为一组，利用扑克牌练习分解质因数。

课堂小结

通过扑克牌游戏，让学生在玩乐的同时，帮助和培养学生掌握分解质因数的方法，激发学生学习数学的乐趣，把数学知识和实际生活联系到一起，在学习中不断获得自信心，能主动地参与数学活动。

第四十六节　练习“互质数”

教学目标

通过扑克牌游戏，强化对“互质数”这一概念的理解，为今后学习最大公约数、最小公倍数以及分数加减法做好必要的准备。

教学难点和重点

理解互质数的含义。

教学建议

教学时要关注学生的学习兴趣，帮助和培养学生熟练地说出哪些数是互质数。

教学用具

自制扑克牌，每组两副牌，每副牌 12 张，为 1 ~ 100 的任意数字。

教学内容

互质数是指两个数的公因数只有 1 的两个非零自然数。例如，2 和 3，公因数只有 1，为互质数。

扑克牌游戏规则：

1. 每人先抓 1 张牌，谁的牌大，谁继续先抓牌。

2. 每人每次抓 1 张牌，抓够两张牌时，如果是互质数，就得到了 2 分（牌放在自己那边）；如果抓的两张牌不是互质数，就继续轮流抓牌，哪边出现的互质数多，哪边赢的就多。

3. 每判断失误一次，就停抓一次牌，对方继续抓牌。

4. 两个人玩即可，得到的牌，每张牌记 1 分。最后统计总分，谁的分高，谁就是胜者。

扑克牌比赛记录单（我是冠军）

成员	第一次排名	第二次排名	第三次排名	第四次排名
组长	第（　　）名			
组员	第（　　）名			
组员	第（　　）名			
组员	第（　　）名			

经典例题

例：老师和学生根据扑克牌游戏规则进行游戏，每人每次抓 1 张牌，抓够两张牌时，如果是互质数，就得到 2 分；如果抓的两张牌不是互质数，就继续轮流抓牌，哪边出现的互质数多，哪边赢的就多。

随堂练习

每组两人进行“互质数”的游戏，获胜者再进行游戏。评选出冠军，给予奖励。

课堂小结

通过扑克牌游戏，让学生在玩乐的同时，帮助和培养学生掌握互质数的含义，激发学生学习数学的乐趣，把数学知识和实际生活联系到一起，在学习中不断获得自信心，能主动地参与数学活动。

第四十七节　练习“最大公因数”

教学目标

通过扑克牌游戏，在理解最大公因数的基础上，进一步巩固求最大公因数的方法，掌握求最大公因数的三种情况，为学习约分做好铺垫。

教学难点和重点

求最大公因数的方法。

教学建议

教学时要关注学生的学习兴趣，利用扑克牌游戏让学生掌握求最大公因数的方法。

教学用具

自制扑克牌，每组两副牌，每副牌 12 张，为 1 ~ 100 的任意数字。

教学内容

求最大公因数的三种情况：

1. 两个数是互质关系。如果两个数是互质数，它们的最大公因数是 1 。

2. 两个数是倍数关系。如果较小数是较大数的约数，那么较小数就是这两个数的最大公因数。

3. 两个数是一般关系。将一般关系转化为倍数关系，缩小较小数的倍数。例如，6 和 8，把较小数 6 缩小 3 倍是 2，8 是 2 的倍数，即 2 是 8 的约数，所以 6 和 8 的最大公因数是 2。

扑克牌游戏规则：

1. 每人抓 6 张牌，洗牌时将 1 张牌的正面朝上，谁抓到正面朝上的那张牌谁先出。

2. 每人每次出两张牌，边出边说这两个数的最大公因数是多少。

3. 说错者把牌拿回，其他同学继续出。

4. 先出完牌者胜利。

扑克牌比赛记录单（我是冠军）

成员	第一次排名	第二次排名	第三次排名	第四次排名
组长	第（　）名			
组员	第（　）名			
组员	第（　）名			
组员	第（　）名			

说明：玩牌人数最少2人，最多4人。

经典例题

例：老师和学生根据扑克牌游戏的规则进行游戏，边玩边讲解游戏的规则。

随堂练习

每组3个人进行最大公因数的游戏，获胜者再进行游戏。评选出冠军，给予奖励。

课堂小结

通过扑克牌游戏，让学生在玩乐的同时，帮助和培养学生掌握求最大公因数的方法，激发学生学习数学的乐趣，把数学知识和实际生活联系到一起，在学习中不断获得自信心，能主动地参与数学活动。

第四十八节 练习“最小公倍数”

教学目标

通过扑克牌游戏，使学生正确理解“最小公倍数”这个概念，熟练掌握求最小公倍数的方法，为“通分”“异分母分数加减法”做好准备。

教学难点和重点

求最小公倍数的方法。

教学建议

教学时要关注学生的学习兴趣，利用扑克牌游戏让学生掌握求最小公倍数的方法。

教学用具

自制扑克牌，每组两副牌，每副牌 12 张，为 1 ~ 100 的任意数字。

教学内容

求最小公倍数的三种情况：

1. 两个数是互质关系。如果两个数是互质数，那么这两个数的积就是它们的最小公倍数。

2. 两个数是倍数关系。如果较大数是较小数的倍数，那么较大数就是这两个数的最小公倍数。

3. 两个数是一般关系。将一般关系转化为倍数关系，扩大较大数的倍数。例如，6 和 8，把较大数 8 扩大 3 倍是 24，24 是 6 的倍数，所以 6 和 8 的最小公倍数是 24。

扑克牌游戏规则：

1. 每人抓 6 张牌，洗牌时将 1 张牌的正面朝上，谁抓到正面朝上的那张牌谁先出。

2. 每人每次出两张牌，边出边说这两个数的最小公倍数是多少。

3. 说错者把牌拿回，其他同学继续出。

4. 先出完牌者胜利。

扑克牌比赛记录单（我是冠军）

成员	第一次排名	第二次排名	第三次排名	第四次排名
组长	第（　）名			
组员	第（　）名			
组员	第（　）名			
组员	第（　）名			

说明：玩牌人数最少2人，最多4人。

经典例题

例：老师和学生根据扑克牌游戏规则进行游戏，边玩边讲解游戏的规则。

随堂练习

每组4个人进行求最小公倍数的游戏，获胜者再进行游戏。评选出冠军，给予奖励。

课堂小结

通过扑克牌游戏，让学生在玩乐的同时，帮助和培养学生掌握求最小公倍数的方法，激发学生学习数学的乐趣，把数学知识和实际生活联系到一起，使其在学习中不断获得自信心，能主动地参与数学活动。

后 记

数学游戏让学生在学中玩，在玩中学，体验到成功的快乐，在快乐中树立起学习的自信心，游戏结束时还感到意犹未尽。这符合学生年龄及心理特点，达到事半功倍的效果。

1. 数学游戏激发每个学生的学习欲望和参与学习的动机，变被动学习为主动学习，给每个学生参与学习的机会。

2. 数学游戏不受时间、地点、人数的限制。

3. 让学生在合作中学习，在交流中互助，还可以互相监督。

4. 有助于训练学生的思维，培养学生的创新意识和探究能力。

5. 数学游戏简单易学，学生容易接受，操作也方便，让学生在玩中就理解知识，并进行很好的巩固。

6. 游戏能促进数学知识的传播。

7. 游戏能减轻学生课业负担，同时也能起到调节学生情绪的作用。

8. 数学游戏也能减轻老师的一些工作量。

9. 有趣的游戏丰富学生的课余活动，增进师生之间、学生之间的友谊。

10. 把数学游戏引入课堂，让学生在动手、动口、动脑中充分发挥自己的聪明才智，展示自己的才华，把课堂还给学生，使学生真正成为学习的主人，符合学生学习数学的特点。

数学游戏让每个学生在学习中获得愉快，在参与中求得发展，在成功中变得自信，在交流中学会合作。愿数学游戏能够顺利地传承下去，更好地提高课堂效率，让天真的孩子们快乐成长！

李丽娟